東海道五十三次てくてく歩き

山本 理

東京図書出版

✧東海道五十三次概略図

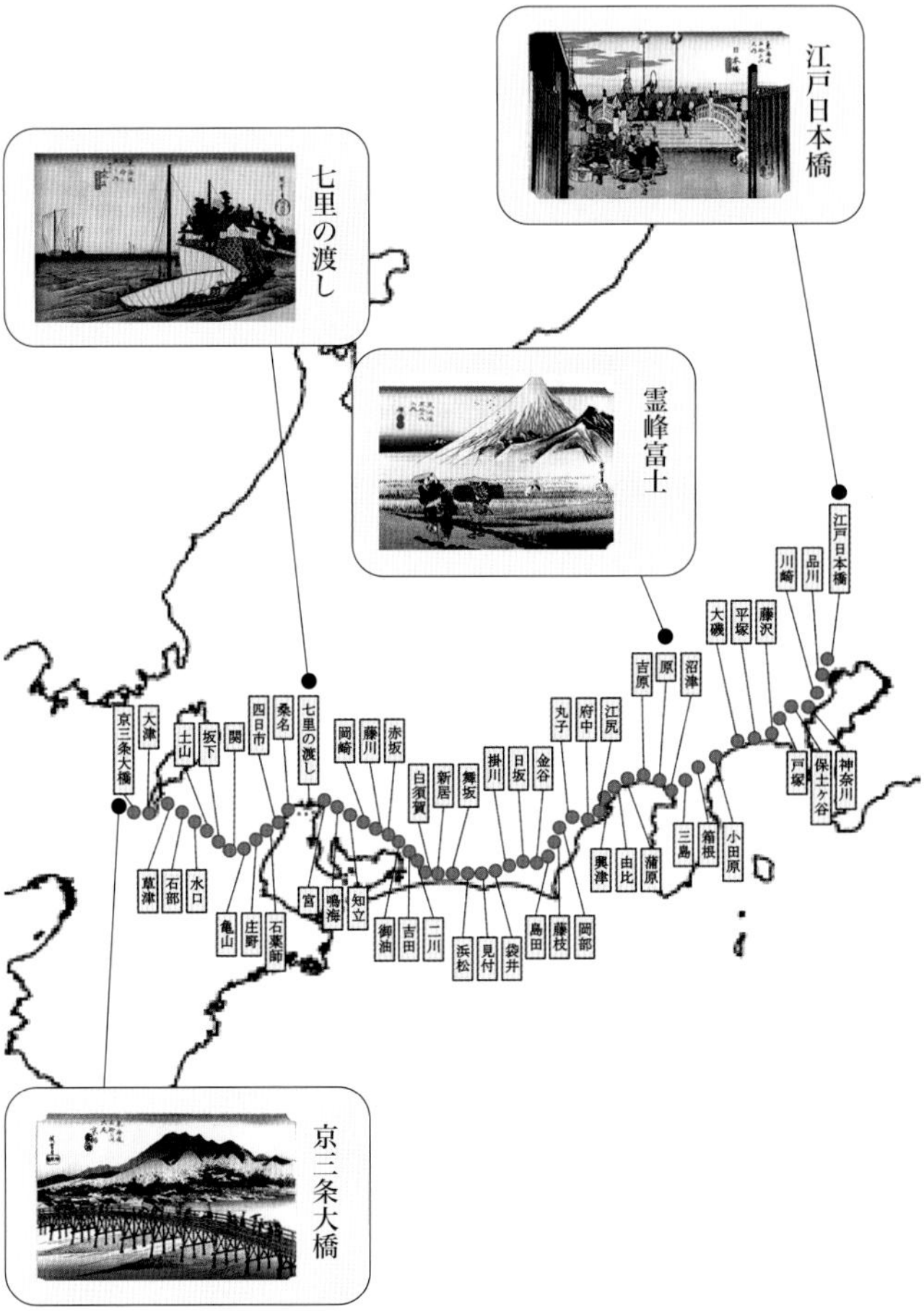

江戸日本橋
七里の渡し
霊峰富士
京三条大橋
江戸日本橋
品川
川崎
神奈川
保土ケ谷
戸塚
藤沢
平塚
大磯
小田原
箱根
三島
沼津
原
吉原
蒲原
由比
興津
江尻
府中
丸子
岡部
藤枝
島田
金谷
日坂
掛川
袋井
見付
浜松
舞坂
新居
白須賀
二川
吉田
御油
赤坂
藤川
岡崎
知立
鳴海
宮
七里の渡し
桑名
四日市
石薬師
庄野
亀山
関
坂下
土山
水口
石部
草津
大津
京三条大橋

まえがき

旅には色々な形と楽しみがある。

目的地に着いて観光をする、道中仲間とおしゃべりする、それも良い。しかしその間の「移動」というプロセスは軽視されがちである。旅の醍醐味の一つは、遠くへ行くまでに費やした時間、見た景色、食べた食事といった非日常体験にあるのではないかと思うが、現代の旅は新幹線や飛行機を使って目的地へ一刻も早く着きたがる。非常に勿体ないことだと思う。

ところが僅か150年前の日本ではそうではなかった。鉄道も自動車もなく、ひたすら歩くか、上級武士でも駕籠か馬に乗るくらいである。松尾芭蕉も弥次喜多さんも、大名行列も新撰組も坂本龍馬も皆歩いたのだ。今回の東海道五十三次の旅は大がかりな歴史探検の散歩と思って、この旅体験にお付き合い願いたい。

東海道五十三次を代表する旅人、弥次さん喜多さん
（『東海道中膝栗毛』）

東海道五十三次てくてく歩き❖目次

一日目　2021年8月21日(土)

行程：江戸日本橋～1品川宿～2川崎宿

江戸日本橋から品川宿へ

東海道五十三次の出発地点は江戸・日本橋。江戸幕府が五街道を整備して以来、日本橋は日本の街道の起点であり、現代でも国道1号線・4号線・6号線・14号線・15号線・17号線・20号線の起点である。私が今回歩く東海道は現在の国道1号線とほぼ並行しており、江戸の昔より日本を代表する道路と言えるだろう。

東海道五十三次の旅の出発時刻は明け六つ、つまり朝6時が相場である。この時間帯の日本橋は車も人通りも少ない。各種ブランドショップやデパートが集まる華やかな中央通りも、近所のお婆さんが犬を散歩させていて、のどかな空気が漂っている。それ

朝焼けの日本橋を出発

にしてもこの付近に住居があること自体が驚きである。

地下鉄銀座線の上を京橋、銀座と進む。三越や和光がある銀座四丁目交差点を東海道が通っていることを初めて知った。この辺りは銀座通りの名前でも知られる。そのまま真っすぐ進み東京高速KK線をくぐる。高速道路の下はショッピング街になっており、銀座ナインの名前で知られている。ここは昔の汐留川を埋め立てた跡で、銀座と新橋の境目にあたる。車道と歩道を隔てる塀には橋の欄干を模した意匠が施されている。

新橋から先は都営浅草線の上を進む。東海道線のガードをくぐると左手に日比谷神社がある。新橋の鎮守だそうだ。一礼して通り過ぎる。

大門まで行ったところでトイレ休憩。実はなかなか公衆トイレが見つからず、最後は電車賃を払って改札内のトイレに行ったのだが、この「トイレ問題」には道中しばしば悩まされることになる。

お腹もすっきりしたので歩行再開。古川に架かる金杉橋を渡り、

朝の銀座は人通りもまばら

三田を過ぎると札ノ辻の大きな交差点を歩道橋で越える。昔の高札場だそうだ。その先の高輪大木戸跡は歩道上に石垣が残っており、これがこの道中初めての本格的な「東海道の史跡」である。この場所は江戸の街の出口にあたり、かつては茶店があって送迎の人で賑わったという。

高輪ゲートウェイシティの造成現場を横目に歩く。高輪ゲートウェイ駅の命名については「泉岳寺駅にすべきだ」とかセンスをとやかく言われたが、この付近が江戸の玄関口だった史実に基づいたネーミングになっており、百年後には「江戸東京の街の歴史を今に伝える」という評価をされているのかもしれない。

品川駅の横を通り過ぎる。京急線を地平に下ろす工事の真っただ中で、先ほどから車通りが多い道路沿いや工事現場脇ばかり歩いている。路面が悪いので歩きにくいし、空気も良くない。ついでに言うとマスクも暑いし邪魔に思えてくる。坂を登り切って八ツ山橋まで来ると、そこは風通しが良い。足の回復も兼ねて小休止して酸素を補給、ついでに電車ウォッチングをして鉄分も補給

江戸の出口、高輪大木戸の土塁

する。

八ツ山橋の右側の脇道に入り、京急線踏切を渡ると品川宿である。宿場の入口には京急線の北品川駅があり、品川駅の南に位置するのに北品川というのはこれ如何にとトリビアに出てくるが、品川宿の北の隅に位置するので北品川で正しい。

品川宿の史跡には標柱や解説札が立っていて良い風景だ。本陣跡が小さな公園になっているのも非常に好感が持てる。公園の写真を撮りたかったが、ベンチでおじいちゃんがスポーツ新聞を読みながらくつろいでいるので、ちょっと遠慮した。

品川宿から六郷の渡しを経て川崎宿へ

品川宿から先の東海道は国道15号線（第一京浜）からそれた裏道となる。地形は平坦、道路は基本的に真っすぐ、車通りが少ないので非常に歩きやすい。新馬場、青物横丁、鮫洲と京急線の高架を横目に見ながら進み、立会川を渡って天祖・諏訪神社の境内

品川宿の入口、京急線北品川駅踏切

で小休止する。近くには坂本龍馬像があり、若い頃の龍馬はこの東海道を歩いて江戸遊学に来たのだろうと、勝手に歴史に思いをはせる。

鈴ヶ森刑場跡を過ぎると、東海道は国道15号線に合流する。大森海岸を過ぎ、平和島の手前で再度脇道に分岐する。三原通りという商店街で、朝10時を過ぎて人通りが増えて来た。

大森町の手前で再び国道15号線に合流し、さらに進むと梅屋敷跡がある。明治天皇やシーボルト博士が立ち寄ったとかで、東海道は歴史の道であることを再認識する。京急線の大立体交差がある京急蒲田に到着。そろそろ足が疲れてきたし、小雨も降ってきたので駅高架下のコーヒーショップで一休みする。

雨が止んで、足の疲れも回復したので歩行再開。国道15号線沿いを雑色、六郷土手と進むと多摩川の土手が立ちはだかる。土手を登って六郷橋を渡ると「神奈川県川崎市」の標識が見えてきた。東京都と神奈川県の県境を歩いて越えたことで、心地よい達成感を覚える。川風も爽やかで、歩みを後押ししてくれる。

六郷橋を渡り、神奈川県に入る

六郷橋を渡ると川崎宿である。川崎宿は都会の街並みにすっかり呑み込まれてしまっており、本陣跡も標識があるだけで当時を偲ぶような建物は殆ど残っていない。それでもありがたいのは「東海道かわさき宿交流館」という立派な展示館があることで、川崎宿や川崎市の歴史を勉強しながら小一時間滞在した。

川崎宿を抜けて芭蕉句碑を過ぎると八丁畷駅に着く。現在時刻は13時。まだ歩ける体力は残っているが、今日はこれにて帰途に就く。まだ新型コロナの緊急事態措置は続いており、人混みを避けるためにも夕方の混む時間帯の電車には乗りたくない。京急の普通電車に乗り、これまで歩いてきた道を高架線から確認する。まるでビデオテープの巻き戻し再生のようだ。

品川から5時間掛けて歩いてきた道を、電車は各駅に停まりながら30分弱で走破。このように線路沿いを歩いていると、「各駅停車ってなんて速いのだろう」という気分になるから不思議だ。

■本日の歩行記録　22・５km、４時間23分
平均時速　５・２km／h
（小休止・信号待ち除く）

■並行する鉄道駅
日本橋、京橋、銀座、新橋（東京メトロ銀座線）、
大門、三田、泉岳寺（都営浅草線）、
品川、北品川、新馬場、青物横丁、鮫洲、立会川、大森海岸、平和島、大森町、梅屋敷、京急蒲田、雑色、六郷土手、京急川崎、八丁畷（京急本線）
計21駅区間

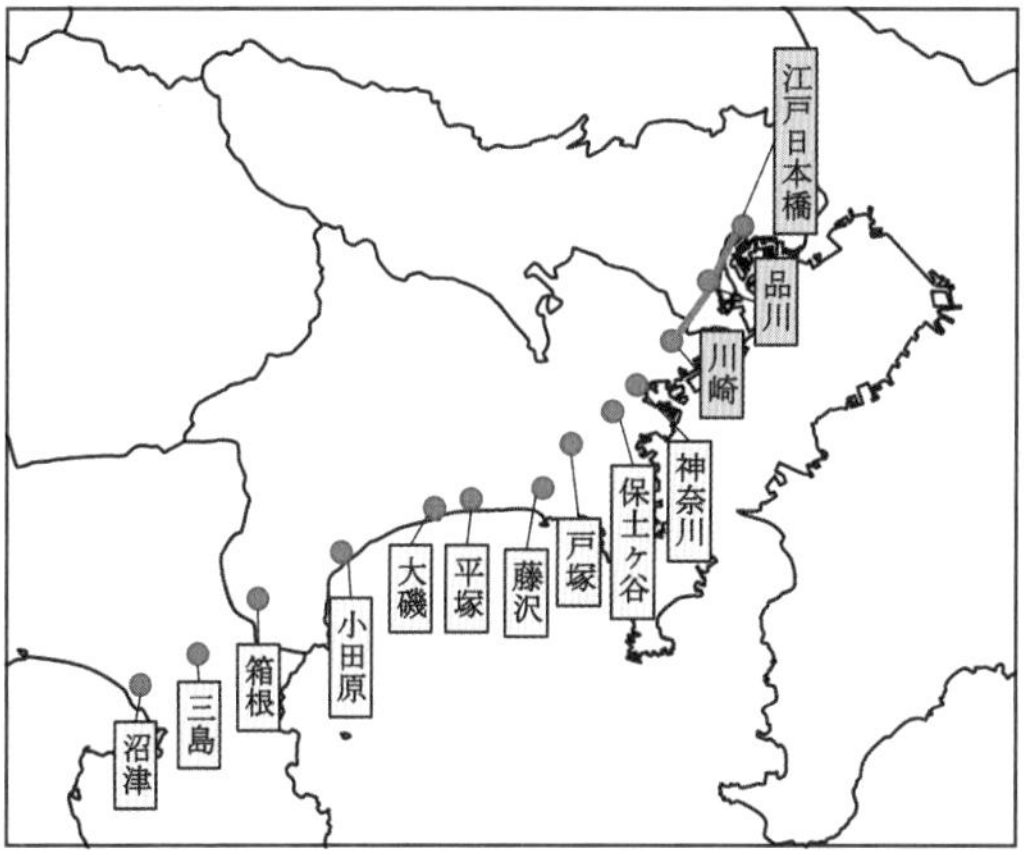

■歌川広重の画で辿る往時の東海道

歌川広重　東海道五十三次
日本橋　朝之景

歌川広重　東海道五十三次
品川　日之出

歌川広重　東海道五十三次
川崎　六郷渡舟

二日目　2021年8月29日(日)

行程：２川崎宿〜３神奈川宿〜４保土ヶ谷宿〜５戸塚宿

川崎宿から神奈川宿へ

今日も明け六つの出発を目指す。自宅最寄り駅を5時1分発の一番電車に乗り、品川で京急に乗り換えて6時に八丁畷駅に着いた。

朝焼けの中を歩き始めると、ほどなく市場の一里塚に着く。場所は京急線鶴見市場駅のすぐ近く。この鶴見市場という駅名だが、てっきり青果市場でもあったのかと思いきや、市場村という元々の地名から取ったそうだ。市場村の由来は、天文年間には海産物の市が立って賑わっていたからと言う。

市場の一里塚

鶴見川を渡る。橋の左右に東海道線と京急線の鉄橋があって、頻繁に列車が来るので、思わず足を止めて見てしまう。

やがて京急鶴見駅と斜めに交差する。どの道が東海道なのか一瞬迷い、1ブロックくらいは別の道を歩いたかもしれないが、当の東海道にしても土木工事の関係での微細な経路付け替えと全く無縁ではないだろうから、少々のズレは許容範囲だろう。

国道15号線と斜めに交差すると、ほどなく鶴見線国道駅の架道橋をくぐる。昭和の残り香のディープスポットとして有名な場所だが、朝6時台では単なる寂れた一角にしか見えない。

この先、道の両側には魚屋が並んでいる。生麦魚河岸というらしい。今は沖合まで埋め立てられているが、もともとは鶴見川河口の漁村だったのだろうか。

やがてビール工場脇の直線道路に出る。この辺りはイギリス人が騎乗のまま薩摩藩の行列に遭遇して無礼打ちにされた「生麦事件」の現場である。逃げるイギリス人、追う薩摩藩士、どちらの気分になっても歩行ペースが上がる。

生麦事件碑

首都高と貨物線の下をくぐり、国道15号線に合流する。車通りが多い殺風景な道だが、右手には東海道線と京急線、左手には高島貨物線がチラチラと見え、時折列車が通過する音も聞こえてくるので退屈はしない。

新子安駅前のファストフード店に入り朝食。小休止の後も国道15号線をさらに進む。ここから神奈川宿までの間は国道15号線と京急線・東海道線との間に神社や寺が数多く立地している。神社仏閣ならば旧東海道沿いに立地しそうなものだが、何故か道路から少し離れた線路沿いにある。昔の東海道は国道より少し内陸側の今の京急線寄りを通っていたのかもしれない、などと想像してみる。これら神社仏閣は、横浜開港に伴い各国の公館に割り当てられたという。

神奈川宿の本陣跡に着いた。標識はあるが、だだっ広い国道15号線沿いなので昔を偲べるような風景は皆無である。右に曲がって宮前商店街に入ると、こちらの方がまだ元宿場町の雰囲気を残している。緩い坂を上ると京急神奈川駅。普通しか停まらない小

京急神奈川駅と神奈川宿の解説板

さな駅だが、東海道線からよく見えるので、この辺りが神奈川宿の地であることを知っている人は結構多そうだ。京急線と東海道線を跨ぐ青木橋を渡る。ここからは横浜駅を出入りする電車を俯瞰できるので、また思わず歩みを止めて電車ウォッチングをしてしまう。

山裾の坂道を登る途中に老舗料亭の「田中屋」が建っている。今回初めて見る宿場の歴史的建造物である。この田中屋は坂本龍馬の妻「おりょう」が働いていたという。前回に続きまたも坂本龍馬関係の史跡である。また、広重の画に描かれている神奈川宿の風景はこの一角だそうだ。ただし、広重の画で海が描かれていた辺りは今ではすっかり埋め立てられて、横浜駅構内となっている。

神奈川宿の老舗料亭「田中屋」

神奈川宿から保土ヶ谷宿へ

横浜の地形は起伏に富んでいるが、東海道は台地裾の比較的平坦な場所を通っていて、車通りが少なく歩きやすい道が続く。さらに進むと松原商店街に入り、八百屋が道路上に白菜などを並べている。この辺りは保土ヶ谷宿の江戸見付、つまり東入口になるそうだ。神奈川宿と保土ヶ谷宿の道程は一里九町＝5・1㎞と近い。

帷子川を渡り、相鉄線の高架をくぐって相鉄天王町駅前公園で小休止する。ここは帷子川を渡る帷子橋があった場所だそうだ。今では川は相鉄線の高架の東側を流れているので、河川改修があったのだろう。

保土ヶ谷駅の横を通りすぎ、東海道線の踏切を渡る。その名はずばり「東海道踏切」である。東海道線と横須賀線の複々線区間なので線路は四本、しかもカーブに掛かっているので線路に傾き（カント）がついており、踏切の路面は上下にうねっている。宿場の真ん中なので道は狭く、見通しが悪い。踏切を渡る方も、通過する電車の運転士の方も、事故防止の要注意ポイントなのだろう。

東海道線の踏切の先、国道1号線との丁字路を右に折れる。この交差点付近は保土ヶ谷宿の本陣・脇本陣があった元宿場の中心

保土ヶ谷宿、天王町駅前公園の帷子橋

部で、本陣跡の門の遺構が残っている。保土ヶ谷宿は江戸から八里＝32㎞の地点にあり、江戸を朝に発ち、休憩を取りながら歩くと夕刻に保土ヶ谷宿に着いて一泊目となるので、かつては非常に賑わっていたという。宿場入口の江戸見付からここまで２㎞はあり、宿場の規模の大きさを実感する。

保土ヶ谷宿から権太坂を経て戸塚宿へ

保土ヶ谷宿本陣跡からは国道1号線を進む。実は日本橋交差点から保土ヶ谷までの国道1号線は旧東海道とは少し離れており、江戸から神奈川宿までは山側、神奈川宿から保土ヶ谷宿までは海側の別ルートを通っている。ここから京都までは旧東海道と国道1号線は付かず離れずの関係となる。

とはいえ、旧東海道と国道1号線が重なっている区間は決して歩きやすいわけではない。排気ガスを浴びるので空気が悪く、喉の保護のためにマスクをしているので暑い。木が少なくアスファ

保土ヶ谷宿本陣跡

ルトの照り返しもきついので、熱中症にならないように水分補給が欠かせない。車やトラックの走行音もうるさいので、道に迷わないこと以外には良いことはあまりない。国道がバイパスに逸れて、旧東海道単独の交通量が少ない道に入るとホッとする。

だんだん山が迫ってきた。東海道線の元町ガード脇を左折し、次の道を右折すると権太坂である。実に横浜らしい地形で、結構な登り坂である。坂の途中に権太坂の標柱と解説札が立っている。坂を登り切るとまた住宅地があるのも横浜らしい光景だ。

坂の頂上付近の開けた一角に出た。この辺りは境木といって武蔵国と相模国の境にあたり、武相国境のモニュメントが立っている。木々が多くて涼しく爽やかだ。境木地蔵尊バス停のベンチで一休みする。

ここから東海道は左折して坂を下るのだが、つい道を間違えてバス通りを真っすぐ行ってしまった。環状2号線の交差点で気が付いて境木地蔵尊まで戻り、改めて東海道の坂を下る。この坂は焼餅坂と言って、往時は餅を売る茶店が軒を連ねていたそうだ。

境木の武相国境モニュメント

現代では茶店はないので、代わりに自動販売機で麦茶を購入する。

坂を下って小川を渡るとまた登り坂。坂の先には品濃の一里塚がある。江戸から九里目。これまで一里塚は殆ど意識してこなかったが、この品濃の一里塚は原型を留めていて神奈川県指定史跡に指定されている。ちょっと一休みと思うが、木が茂っていてやぶ蚊が居そうなのと、つい先刻休んだばかりでもあるので、そのまま通り過ぎる。

環状2号線の陸橋を越えて品濃坂を下る。結構な急坂で、京都方面から来ると上りの難所だったという。谷底まで一気に下りて、ここからは用水路沿いを進む。

東戸塚駅入口交差点で再び国道1号線に出た。ここからしばらくは国道沿いと旧道への迂回を繰り返しながら戸塚宿へと向かう。左手は丘が連なり、右手は柏尾川と東海道線の線路に挟まれた土地を進む。右手にイオンモールが見えてきたが、そこが戸塚宿の江戸見付にあたる。駐車場の一角に戸塚宿の案内板と石碑があった。

かつては茶店が軒を連ねていた焼餅坂

柏尾川に架かる吉田大橋を渡り、左折して戸塚駅方面に向かう。正面にエレベータ付きの大きな歩道橋が見えてきた。つい数年前まで戸塚の大踏切があった場所で、国道の迂回路と大歩道橋が完成したことで踏切は廃止となった。踏切があった当時の写真パネルが飾ってある。

線路を渡ってトツカーナモール脇の道を進み、再び大通りに戻る。駅前から5分ほど歩いた所が戸塚宿の中心である澤邊本陣跡。明治天皇戸塚行在所阯の石碑と本陣跡の解説札が立っている。戸塚宿は江戸から十里＝40㎞。健脚の旅人なら一日でここまで来られるので、保土ヶ谷宿と並んで非常に栄えていたという。

さて、時刻は13時。前回と同じ理由でそろそろ切り上げる時間である。空腹だし、今日の道はアップダウンが多かったので足もそれなりに痛い。戸塚駅前の餃子屋で昼食を取り、湘南新宿ラインで帰途に就く。電車は空いていた。

途中、東戸塚～保土ヶ谷間の品濃トンネルを抜けた先で、山の上に至る権太坂を見上げる。その後も保土ヶ谷駅手前の東海道踏

戸塚宿江戸見付跡の案内板と石碑

切、横浜駅を過ぎた所の神奈川宿と青木橋、新子安までの間の神社仏閣と、午前中に辿った経路を確認しながらキョロキョロする。子供でもないのに車窓を食い入るように見ているので、これではどう見ても挙動不審者である。

戸塚宿　澤邊本陣跡

■本日の歩行記録　24・5km、5時間19分
平均時速　4・6km／h
（小休止・信号待ち除く）

■並行する鉄道駅
八丁畷、鶴見市場、京急鶴見、花月総持寺、生麦、京急新子安、子安、神奈川新町、京急東神奈川、神奈川、横浜（京急本線）、平沼橋、西横浜、天王町（相鉄本線）、保土ヶ谷、東戸塚、戸塚（横須賀線）
計16駅区間

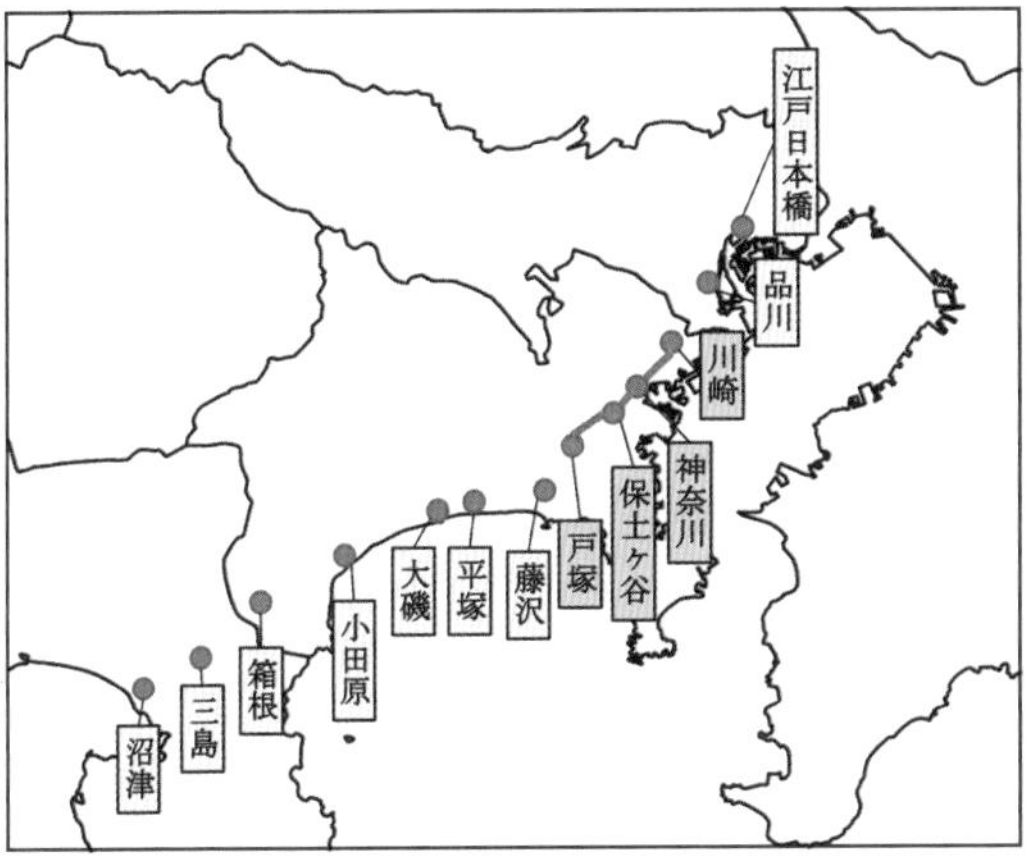

■歌川広重の画で辿る往時の東海道

歌川広重　東海道五十三次
神奈川　台之景

歌川広重　東海道五十三次
保土ヶ谷　新町橋

歌川広重　東海道五十三次
戸塚　元町別道

三日目　2021年9月5日㈰

行程：５戸塚宿〜６藤沢宿〜７平塚宿

戸塚宿から藤沢宿へ

今日は朝から草野球の予定だったが、雨のためグラウンド不良で中止になってしまった。すでに雨は止んでいるので、急遽東海道五十三次の旅の続きに出掛けることにする。湘南新宿ラインで戸塚まで行き、前回の終点である澤邊本陣跡に向かう。時刻は11時半、天気は晴。これから歩くのには何の支障もない天気だ。

国道1号線に沿って歩き、戸塚宿の上方見付跡＝西入口を過ぎると大坂の登りに掛かる。大坂を登り切ると戸塚道路（国道1号線バイパス）が合流してきて交通量が増える。この辺は環状3号とのジャンクション予定地となっていて、工事現場の真ん中を歩かされる。

交通量の多い国道1号線を真っすぐ進み、原宿の一里塚（江戸から十一里）を過ぎる。景色の変化が殆どない中を小一時間は歩いただろうか。藤沢バイパスと分かれて旧道に入り、景色が良い松並木の坂道を下る。たまに自転車乗りとすれ違うが、みんな長い坂道をぜいぜい言いながら登ってくる。遊行寺の脇を下ると藤沢宿の江戸見付跡で、小さな案内看板がある。

脇道に右折すると藤沢広小路跡。ふじさわ宿交流館という施設があり、高札場も復元されている。電線は地中化されており、すぐ脇には遊行寺の黒門があって風情がある。ふじさわ宿交流館を見学しながら小休止する。

境川の橋を渡って右折すると、藤沢宿の中心、本陣や旅籠、商家が連なっていた通りに出る。脇に少し入ったところには徳川将軍家の宿泊所だった藤沢御殿跡があり、二代将軍秀忠、三代将軍家光の頃まで使われていたそうである。いまでは解説板があるだけであるが、独特の区画割りから往時を偲ぶことができる。

藤沢宿から馬入の渡しを経て平塚宿へ

小田急江ノ島線の藤沢本町駅と交差し、藤沢宿京見付跡を過ぎ

藤沢広小路跡とふじさわ宿交流館

る。旧道をしばらく進むと四ツ谷交差点で国道1号線に合流し、四ツ谷の一里塚（江戸から十三里）を過ぎる。この辺りは片道1車線で、時々松並木が残っていて割と歩きやすい。茅ヶ崎高校横のコンビニでおにぎりを買って小休止する。昔の旅人は一里塚を目印に休憩を取ったそうだが、現代に於いてはコンビニが一里塚の代わりとなっている。無論、現代では道をひたすら歩いて行く人はごく少ないので、4㎞毎に必ずコンビニがあるわけではない。

相模線を越えて茅ヶ崎の街中に入る。道路の左側に茅ヶ崎の一里塚（江戸から十四里）の南塚が残っているが、現状はあまり休憩向けではないのが残念だ。茅ヶ崎駅前を過ぎた所、ビジネスホテルの前に大きな黒松の切株がモニュメントとして残っている。樹齢200年以上の巨松だったそうだが、腐朽のため伐採されてしまった。マーキング代わりに切株に麦茶を少し掛けてみる。

先に進むと鶴嶺八幡宮の大鳥居が見えてくる。茅ヶ崎の総社ということで、神社まで1㎞くらい離れている東海道沿いにも鳥居が立っている。その先で小出川を渡り、続いて新湘南バイパスを

茅ヶ崎の一里塚跡

くぐる。相模川は元々この辺を流れていて、関東大震災で土地が隆起した際に出土した鎌倉時代の相模川橋脚跡が残っているそうだ。

先に進むと現代の相模川の土手が見えてくる。この辺では別名を馬入川とも言うが、源頼朝の落馬伝説と関係があるそうだ。相模川に架かる橋の名は馬入橋。江戸時代には橋はなく、渡し舟だったそうだ。隣に東海道線と東海道貨物線の複々線の鉄橋が架かっていて、ついつい足を止めて電車ウォッチングをしてしまう。

平塚市に入ると道が二股に分かれる。左側の旧東海道に進路を取る。この位置には馬入の一里塚（江戸から十五里）があり、碑が残っている。街中をそのまま進むと平塚駅前。時刻は16時30分。そろそろ終わりにしたいが、平塚宿はまだこの先である。平塚七夕まつりで有名な商店街を進んで行くと、江戸見付跡の土居が見え、ここが旧平塚宿の入口にあたる。その先の平塚宿の本陣跡には神奈川銀行の建物が建っていて、銀行の前に石碑がある。

時刻は16時50分、今日はここで終わりにして家路に就く。平塚

馬入橋から東海道貨物線を行く電車を見る

駅行のバスが頻繁に来るので、駅まで歩かなくても済むのが幸いだ。平塚からは湘南新宿ラインに乗って帰るが、今回の経路は線路とは離れていたので、あまりキョロキョロすることなく落ち着いて帰ることが出来る。

平塚宿江戸見付跡の復元土居

■本日の歩行記録　23・3㎞、4時間40分
平均時速　5・0㎞／h
（小休止・信号待ち除く）

■並行する鉄道駅
戸塚、大船、藤沢、辻堂、茅ヶ崎、平塚（東海道線）
計5駅区間

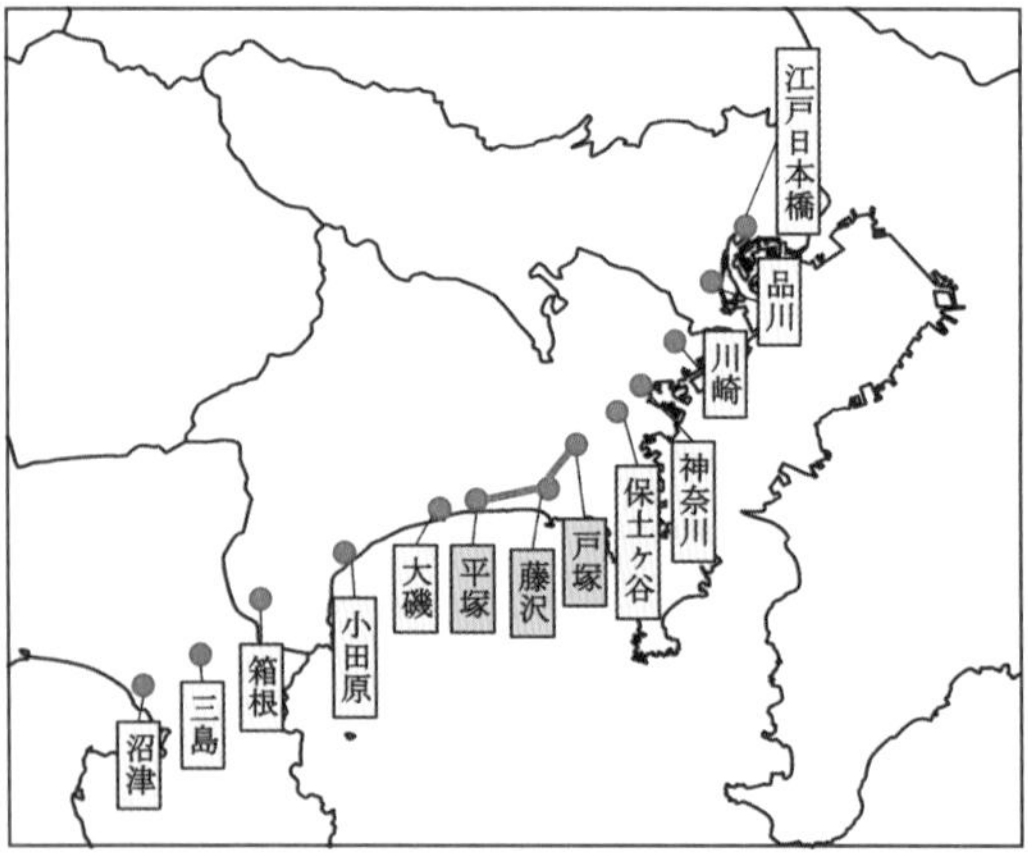

■歌川広重の画で辿る往時の東海道

歌川広重　東海道五十三次
藤澤　遊行寺

歌川広重　東海道五十三次
平塚　縄手道

四日目　2021年9月12日(日)

行程：7平塚宿〜8大磯宿〜9小田原宿

平塚宿から大磯宿へ

先週歩いたばかりなのに、また続きを歩きたくなってしまった。今日は家を5時前に出発し、新宿発5時27分の小田急の急行で伊勢原に向かう。伊勢原では立ち食いそば店で朝食と思ったが、朝7時開店なのでまだやっていない。仕方なく伊勢原駅前のファストフード店に入って朝食にする。

伊勢原駅からは神奈中バスで平塚に向かう。出来るだけ平塚宿本陣に近い場所に着きたいが、神奈中バスの系統は非常に複雑で、伊勢原駅と平塚駅を結ぶバスは合計七系統もある。平88系統に乗って、八間通り停留所で降りると平塚宿本陣の近くである。

平塚宿京見付跡と高麗山

朝7時30分に平塚宿本陣前を出発。国道1号線と合流すると、そこが平塚宿京見付跡で土居と標柱がある。丸い形の高麗山を遠くに眺めながら花水川を渡る。高麗山の麓にある高来神社の入口には下馬標があり、参勤する大名は駕籠から降りて最敬礼で通り過ぎたそうだ。

大磯宿に入る手前で東海道は国道から右にそれ、松並木の緩い坂道を登る。この付近には化粧坂の一里塚（江戸から十六里）がある。東海道線の下をくぐり抜けると大磯宿の江戸見付跡。大磯駅の近くには問屋場跡の解説板や大磯宿本陣跡の標識が立っているが、宿場よりも、付近にある「湘南発祥之地」の石碑や「鴫立庵」の方が史跡として目立っている。

大磯宿から酒匂川の渡しを経て小田原宿へ

広重の大磯の画はにわか雨に降られる旅人が描かれているが、現実も小雨がパラついてきた。幸い激しい雨ではないので、帽子でしのぐ。

大磯宿江戸見付付近の松林

大磯宿から小田原宿までの道程は四里と長い。国道1号線旧道をひたすら歩く。伊藤博文邸跡の滄浪閣や旧吉田茂邸の傍を通り、大磯城山公園でトイレ休憩とする。この公園は小磯城址の城山を転用したものらしいが、東海道五十三次の旅人としては先を急ぐ。

名残り松が残る道を進んで行く、国府本郷の一里塚（江戸から十七里）を過ぎると二宮村で、この辺りは製塩が盛んだったそうだ。塩梅橋という珍しい名前の橋を渡る。

東海道線の二宮駅の横を通り過ぎ、押切坂の一里塚（江戸から十八里）へと進む。休憩にちょうど良い場所がないので、一気に二里＝8㎞の道程を進んでしまう。少し足が疲れてきた。

ここから先、海側に西湘バイパス、山側に東海道線が通っていて、東海道はその中間を進んで行く。だんだんと海岸寄りの土地が狭くなり、道が高台に上がった所が国府津駅。駅前バスターミナルのベンチを見つけてやっと小休止する。

国府津から先は平地が広がってきて、小八幡の一里塚（江戸から十九里）を過ぎると旧酒匂宿である。酒匂川の渡しの手前にあ

酒匂川の河原に建っている二宮金次郎表彰の碑

り、東海道五十三次の正式な宿場ではないが、酒匂川が増水して川止めになるとここで待つことになるので、昔は栄えたのだろう。

酒匂橋を渡ると、近くには二宮金次郎表彰の碑や、新田義貞公首塚、上杉龍若丸の墓がある。時代はそれぞれ江戸後期、南北朝時代、戦国時代とバラバラで、場所は近くにあるが相互の繋がりは全くない。頭の中で歴史がゴチャ混ぜになってきた。

小田原の市街地に入ってきた。小田原の一里塚（江戸から二十里）と小田原宿山王口（江戸見付）の碑が建っている。道はクランク状に左に曲がり、蒲鉾屋が立ち並ぶ一角を過ぎる。

小田原宿の中心部には旧本陣跡、旧脇本陣跡や、明治天皇小田原行在所跡がある。また「小田原宿なりわい交流館」という休憩所もあり、ここは元網問屋だそうだ。時刻は12時過ぎ、空腹だし、足も疲れたので小休止がしたい。

近くの蒲鉾屋に入り、揚げたての蒲鉾を買って店頭のベンチで食べる。小田原蒲鉾の歴史は古く、天明年間には東海道を行く旅人の間で名物として珍重されたそうで、今回の旅に持ってこいの

小田原宿山王口（江戸見付）

食べ物である。ついでにお土産用も買う。今回の旅で初めて買ったお土産である。

小田原の街は広い。東海道五十三次が成立するはるか前から後北条氏の城下町であり、江戸幕府が開かれた後も江戸の西の守りの要として重要な都市だったからであろう。東海道を行き来する旅人は箱根越えを控えてここに泊まるので、宿場の規模としても相当に大きなものとなる。

小田原の街中を進んで行くと、左手に路面電車が保存してある一角がある。旧箱根登山鉄道小田原市内線モハ２０２号で、昭和31年の廃線後は長崎で走っていた由緒正しき車両だそうだ。付近には大正レトロの古い商家が多く、道幅も広いので路面電車が似合いそうな街並みである。

小田原宿板橋口跡（上方口）を過ぎると、箱根への登りになる。しばらくは古い建物が並ぶ道を行くが、やがて国道1号線に合流して箱根登山鉄道と早川の間を登る。風祭駅の手前で国道から分かれて箱根登山鉄道の踏切を渡り、今度は山側の道を進む。入生

旧箱根登山鉄道小田原市内線
モハ２０２号（保存車）

田の踏切を渡ると再び国道1号線に合流する。

　次回の箱根越えに備えて、今日はここで切り上げて帰ることにする。先ほどから箱根登山線を行き交う小田急ロマンスカーが気になって仕方がないので、帰路に乗ることにした。小田原発14時9分発のはこね26号はＥＸＥでの運行で、一番ありふれたロマンスカーで停車駅も多いが、そうは言ってもやはり車中は快適である。

箱根登山線を走る小田急ロマンスカー

■本日の歩行記録　25・2km、5時間20分
平均時速　4・7km／h
（小休止・信号待ち除く）

■並行する鉄道駅
平塚、大磯、二宮、国府津、鴨宮、小田原
（東海道線）、
箱根板橋、風祭、入生田（箱根登山線）
計8駅区間

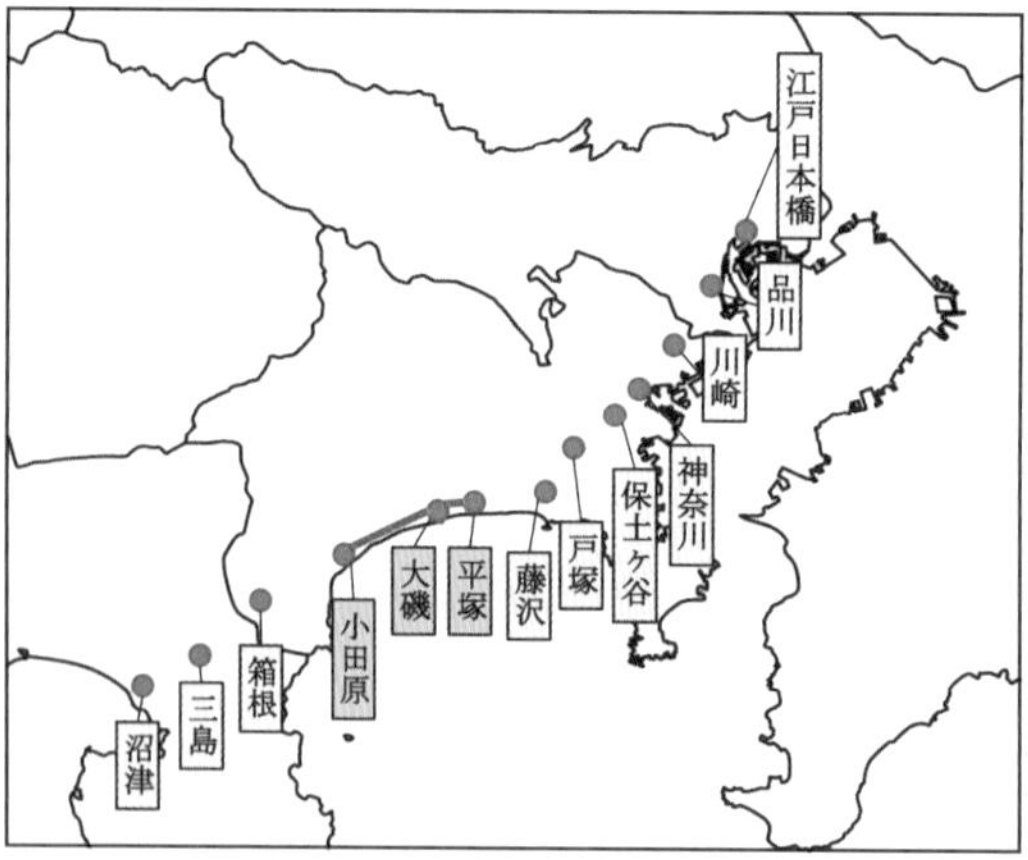

■歌川広重の画で辿る往時の東海道

歌川広重　東海道五十三次
大礒　虎ヶ雨

歌川広重　東海道五十三次
小田原　酒匂川

五日目　2021年9月26日(日)

行程：9小田原宿～10箱根宿

小田原宿から箱根旧街道を登り箱根宿へ

今回はいよいよ箱根越えである。小田原宿を朝に出て、箱根峠を越えて三島宿に泊まるのが標準的な道程となる。従って小田原には出来るだけ早い時間に着きたい。前回と同じ新宿5時27分発の小田急の急行に乗り、新松田で小田原行、小田原で箱根登山線に乗り換えて、前回の終点である入生田駅を目指す。

入生田からは線路沿いの道を歩き、三枚橋で早川を渡り奥湯本方面への道を登る。普段は観光の車が多い道だが、朝8時前とあってまだ車通りは少ない。

途中、北条五代の菩提寺である早雲寺に立ち寄る。この辺りか

三枚橋から箱根湯本方面を見る

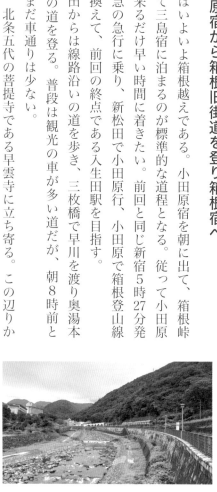

らは旅館が立ち並ぶ坂を登る。途中で一瞬だけ箱根旧街道の石畳道に入る。これが今回初めての土の道である。

須雲川を過ぎ、大天狗山神社の脇の急坂のヘアピンカーブを登る。割石坂からはいよいよ箱根旧街道の石畳道が始まる。一旦県道に合流するが、今度は沢に向かって斜面を下り、小さな沢を木橋で渡って石段を登る。再び県道に戻ると畑宿の集落である。畑宿の一里塚（江戸から二十三里）からは県道からそれて石畳道となる。

箱根旧街道は国道1号線の箱根新道と、県道の箱根七曲りの道と絡みつきながら、実に直線的に登って標高を稼いでいく。西海小坂、樫木坂を登ると見晴し茶屋。ここから小田原の街と相模灘を一望できると言うが、この時期は木が茂っていてそこまで視界は利かない。汗だくになりながら猿滑坂、追込坂と更に登ると比較的平らな場所に出て、そこに甘酒茶屋がある。ここは現役の茶屋で、甘酒と味噌田楽のおやつを食べながら小休止する。

甘酒茶屋を出る頃から小雨が降ってきた。箱根外輪山の最後の

畑宿から先は石畳の坂をひたすら登る

登りを終えて、今度は権現坂の石畳道を芦ノ湖に向けて下りていく。濡れた石畳道はとても滑りやすく、折り畳み傘をさしているので手の自由も利きにくい。転ばないように一段ずつ慎重に下りていく。

箱根芦ノ湖が見えてきた。雨は小止みになって、まるで桃源郷のように見える。箱根の石畳を雨天の悪条件で越えてきて、ホッとしているから余計にそう見えるのかもしれない。しかし元箱根港の周りは観光施設目当ての観光客が目立つ。みんな車で来ているのだろうか、折角の桃源郷も駐車場に出入りする車の排気ガスが鬱陶しい。

葭原久保の一里塚（江戸から二十四里）を過ぎると箱根杉並木である。小雨は降っているのだが、傘をささなくても歩ける。空気が澄んでおり、国道から一歩入っただけで別世界である。

箱根関所に到着。全面復元されて観光施設となっている。館内を見学しながら小止みになるのを待つが、雨はますます激しさを増しており、これから三島に向けて石畳を下るのは危険としか言

甘酒茶屋で小休止

いようがない。今日の東海道ウォークはここで切り上げる。

折角箱根関所まで来たのだから、箱根駅伝ミュージアムを見学する。振り返ると、ここまで5日間の道程の起終点は箱根駅伝のスタート・中継所・ゴール（大手町、鶴見市場前、戸塚大坂上、平塚花水川、小田原風祭駅前、箱根関所前）と奇しくもほぼ一致していることに気が付いた。これでは東海道五十三次ではなく「箱根駅伝ウォーク」である。

箱根町バスターミナルから箱根登山バスで小田原に下りる。このバスは国道1号線旧道を小涌谷から箱根湯本まで、実に見事なハンドルさばきとエンジンブレーキを駆使して下りる。

小田原駅ビル内の寿司屋で遅い昼食を済ませ、小田急線の急行で家路に就く。今日は雨天中止を余儀なくされて不完全燃焼気味なので、ロマンスカーはお預けである。

箱根関所に到着

■本日の歩行記録　12・4㎞、3時間23分
平均時速　3・7㎞／h
（小休止・信号待ち除く）
■並行する鉄道駅　なし

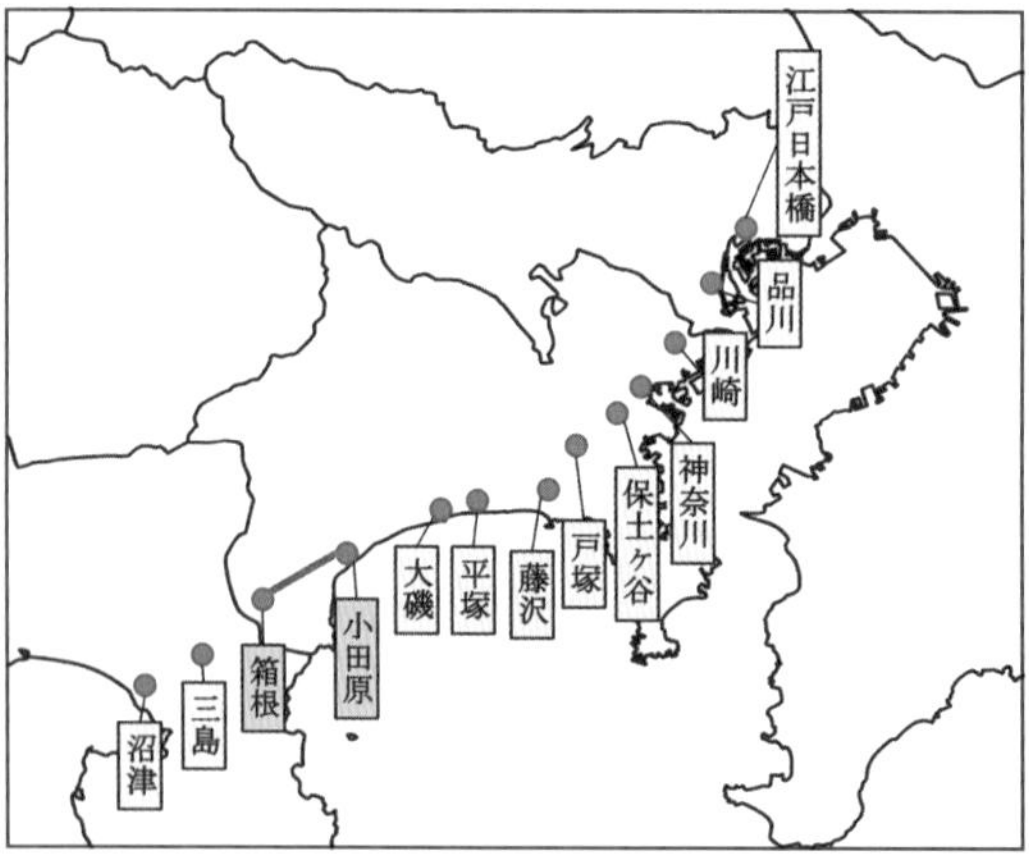

六日目　2021年10月2日(土)

行程：10箱根宿～11三島宿～12沼津宿

箱根宿から箱根旧街道を下り三島宿へ

前回の箱根越えは箱根関所まで登った所で雨天中止を余儀なくされたので、今回はその再戦である。まずは箱根関所まで登らないといけない。出来れば前回と別ルートを通りたいが、朝の時間帯には選択肢は多くない。せめてバス会社を変えてみようということで、小田原駅から伊豆箱根バスで箱根関所に上がることにする。

箱根関所を9時に出発する。天気は晴れだが、前日の雨で湿気が高い。まずは箱根外輪山を箱根峠まで登る。芦ノ湖からの比高は120mくらいだろうか、杉並木と石畳の道を登って行く。石

箱根峠の標識。標高846m、ここから静岡県

畳は丸い石が多く、踵を捻りそうだし苔で滑ることがあるので慎重に登る。この石畳は道が泥濘にならないようにするのが目的なので、平滑度や歩き易さを問うものではない。現代の舗装道路とは大きく違う。

30分程の登りで箱根峠に着いた。標高846m。途中雨による中断はあったが、海沿いの小田原からよくここまで自力で登ったと感慨深い。そして今日はまた海沿いの沼津まで自力で下りていくのだ。箱根峠から先は静岡県、旧国名では伊豆国となる。東京都から静岡県まで延々と歩いて来たことになる。

箱根峠の先は兜石坂を下りるのだが、土砂崩れ通行止めの標識が立っている。ガイドブックを見ながら思案していると、近くのパーキングで休憩していたおじさんが声を掛けて来た。この方と連れの方は城跡巡りに非常に詳しい方で、趣味が合って小一時間も話し込んでしまう。

予定外の大休止を終え、10時20分に出発する。接待茶屋まで国道1号線を迂回する。現代の道路は非常に平滑に仕上げられてい

雲助徳利の墓

て歩きやすい。工業力の素晴らしさを実感する。接待茶屋から箱根旧街道に戻る。ずっと下り坂だが、時折泥濘があり、石畳は滑るので歩行には注意を要する。途中、雲助徳利の墓の前でじっと手を合わせる。酒飲み特有の仲間意識であろう。

山中城址の横を過ぎる。後北条氏の箱根防衛の要で、畝堀の遺構が保存されていて興味深い場所だが、ここは以前に来たことがあるし、見学すると2～3時間は費やしてしまうので今回は通り過ぎる。続いて三島スカイウォークの横を過ぎる。富士山の展望が売りの観光施設だが、東海道五十三次の旅は現代型観光施設とは無縁のものとばかりに通り過ぎる。

眼下に駿河湾が見えてきた。広がる街並みは手前が三島、奥が沼津。今日のゴール地点である。こわめし坂、臼転坂と面白い名前の急坂を下る。こわめし坂は背負った米が汗と熱気で蒸されるほどの急坂で、確かに私の背負ったナップザックも汗で潮を吹いている。臼転坂はその名の通り臼が転がる程の急坂ということだが、なぜ臼を転がそうと思い立ったのかはよくわからない。足元

眼下に駿河湾と三島・沼津の街を見下ろす

にあった小石を蹴ったら、勢いよく転がって行った。

伊豆縦貫自動車道を越えると三島市郊外の扇状地に出る。初音ヶ原の松並木を下りてくるのだが、松並木の情景の美しさの反面、復元石畳は石と石の隙間が大きくて歩きにくい。ここは現代流の舗装技術で仕上げて貰っても良かったのにと思いながら、足を挫かないように路肩を歩く。

東海道線の踏切を渡ると三島の市街地だ。道は真っすぐ三嶋大社の前に通じている。時刻は13時で昼食時である。三嶋大社の向かいにある鰻屋に入るが、あまりお腹一杯になると歩く気力が失せる危険性があるので、鰻重ではなく白焼き定食を注文する。

三島宿から沼津宿へ

三嶋大社の参道前で手を合わせて、再び歩き始める。三島宿の本陣や問屋場跡は三嶋大社と三島広小路の間にある。ついでに復元された「時の鐘」を見に行く。この鐘は宿内に明け六つ・暮れ

三島で食べた鰻の白焼き定食

六つを知らせていたという。場所は有名な鰻屋の横手なので、周囲は鰻を焼く香ばしい匂いがしている。ここにずっと居ると、鰻の匂いで飯を食べた落語の主人公の気持ちになれそうだ。

三島宿西見付の近くに千貫樋という昔の水路が残っている。この千貫樋、今川・北条・武田の和睦が成った証しの「婚儀の引出物」として、北条領の池から今川領の耕地に送水するために造られたという。樋の下を流れるのは境川という小川だが、これが伊豆国と駿河国の境だそうだ。現代の行政区分でも三島市と駿東郡清水町の境になるので、ここからまさしく駿河国である。

国道1号線の旧道と思われる県道を進む。道端には常夜燈、玉井寺・宝池寺の一里塚（江戸から二十九里）、沼津藩傍示石といった史跡が残っている。

先ほどから私の前方100m程を歩いているおじさんが居るが、どうも挙動がおかしい。青いガイドブックとカメラを片手に、たまに足を止めて道端の何かを写すとすぐまた歩き始める。帽子を被って、ナップザックにペットボトルの水を差している姿もまる

宝池寺の一里塚

で私と同じである。道中で初めて見る同好の士であるが、彼と同じ場所で立ち止まって看板を読んだり写真を撮ったりするので、歩けども全然追いつかない。

結局三島宿を出てから沼津宿までたっぷり1時間、4㎞ほど雁行して、沼津の一里塚でやっと追いついた。声を掛けてみると、今日は三島スカイウォーク辺りからずっと歩いてきたそうだ。道中安全の挨拶をして見送る。

沼津宿は狩野川河口に開けた湊町で、沼津藩五万石の城下町でもあり、とても栄えていたそうだ。町の規模は大きく、宿場の本陣は三つもあったという。旧宿場の中心は現代では静かな商店街になっており、そこにあるコンビニでトイレ休憩と給水をしたところで今日の道程は終わりとする。

東京への帰路は三島15時58分発のひかり510号に乗った。三島に停まるひかり号は2時間に1本しかないが、たまたま三島ですぐ乗り継ぎが出来る時刻だったので、新幹線特急券代を奮発した。これに乗ると夕食時には家に帰れる。

沼津の一里塚。
同好の士と遭遇

■本日の歩行記録　22・3㎞、5時間54分
平均時速　3・8㎞／h
（小休止・信号待ち除く）

■並行する鉄道駅
三島、沼津（東海道線）　1駅区間
箱根関所～三島は並行する鉄道なし

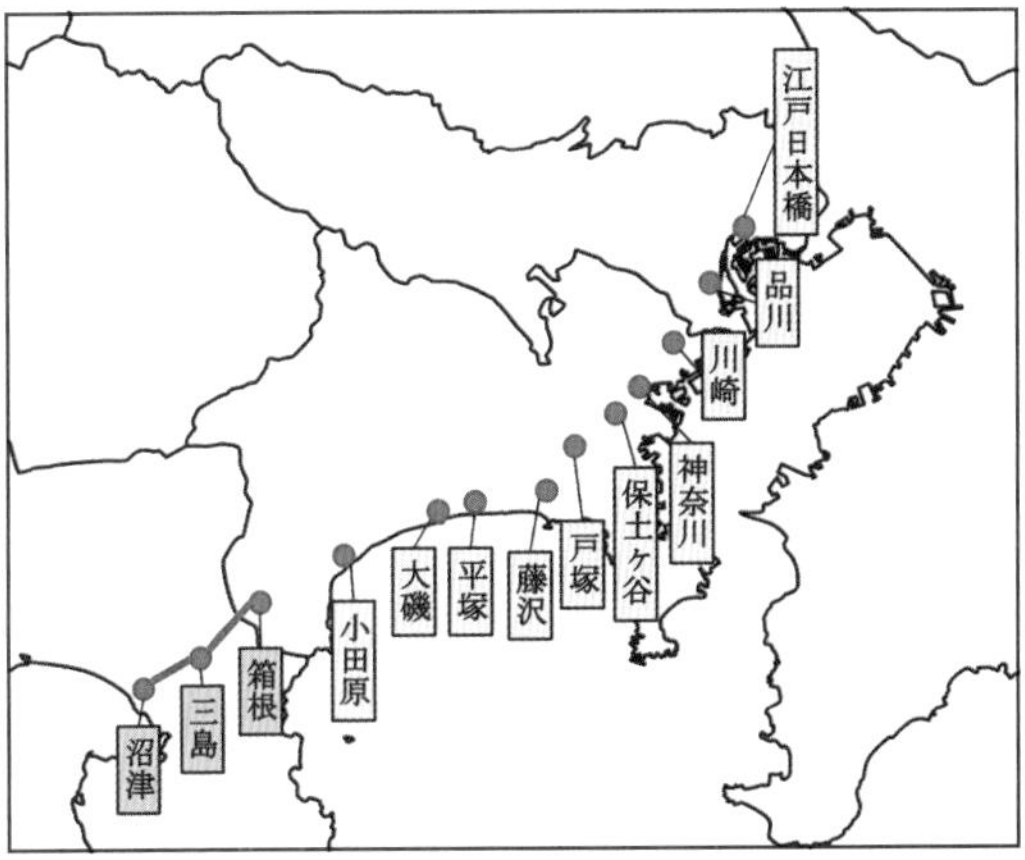

■歌川広重の画で辿る往時の東海道

歌川広重　東海道五十三次
箱根　湖水図

歌川広重　東海道五十三次
三島　朝霧

歌川広重　東海道五十三次
沼津　黄昏図

七日目　2021年10月17日(日)

行程：12沼津宿～13原宿～14吉原宿～15蒲原宿～16由比宿

沼津宿から原宿へ

今回は沼津から富士山を横目に歩く道程である。東京駅5時20分発の沼津行に乗る。この電車は夜通し飲んでいたとおぼしき連中と、早起きでお出掛けする人が混在して、駅ごとに乗客が増えてきて妙に混んでいる。

このまま沼津に真っすぐ向かうのも面白くないので、国府津から御殿場線に乗り換えてみる。時間は39分余計に掛かるが、こちらの方が風情がある。

朝8時に沼津駅に立つ。天気は曇り。日差しがないので歩きやすいが、この天気では富士山は見えなさそうだ。武田勝頼が築い

沼津市内を流れる狩野川

たという三枚橋城（沼津城）の城址公園を通り過ぎ、狩野川の土手沿いから沼津宿本陣跡を目指す。

沼津から片浜、原と東海道線に並行する県道を歩く。海岸から近い筈だが、防風林があるためか海の香りはしない。道は平らで真っすぐ。耳にはイヤホンから流れるヘビメタのドラムビート。１kmあたり11分弱のペースで淡々と歩いて行く。松長の一里塚（江戸から三十一里）を過ぎ、沼津から1時間30分程で原宿に着いた。小さな宿場で、残念ながら往時を偲ぶような建物は残っていない。

原宿から吉原宿へ

原から更に県道を西へと進む。相変わらずのペースであるが、東田子の浦に程近い柏原の間宿を過ぎたあたりから小雨が落ちて来た。折り畳み傘を差して歩く。

吉原駅の手前で東海道線の踏切を渡ると、海岸沿いから離れて

原宿本陣前の浅間神社

今後は北西方向に進む。途中で道がS字カーブを描くあたりに「左富士神社」がある。ここは富士山が東海道の左側に見える名勝なのだが、天気はあいにくの小雨であり、富士山の眺望は望むべくもない。

吉原宿の東木戸跡を過ぎ、岳南鉄道の吉原本町駅の踏切を渡ると吉原宿の中心である。アーケードの商店街になっており、旧本陣・脇本陣などの史跡はすべて商店街に取り込まれている。これはこれで宿場町らしい街並みではあるが、商店街は寂れており、休憩や昼食を取る適当な飲食店がないのは困る。

吉原宿の西木戸跡を通り過ぎて国道139号線に合流すると、ようやくロードサイド型のラーメン屋があった。ちょうど昼時なので、このラーメン屋に入って昼食にする。店を出ると小雨は止んでいた。

吉原の左富士神社

吉原宿から蒲原宿へ

吉原宿から先の東海道は右左折を繰り返しながら複雑な経路を辿る。本市場の間宿跡、本市場の一里塚（江戸から三十五里）を過ぎると、富士駅前から延びるアーケード商店街と直交する。なおも進んで県道と合流して身延線柚木駅のガード下をくぐり、再び県道から分岐、また合流とルート取りが難しい。

吉原宿から1時間程の道程で富士川橋に着く。富士川橋を渡ると岩淵河岸。富士川舟運の駿河方の基地であり、往時は甲斐国からの年貢米輸送で栄えたそうだ。道は富士川の河岸段丘を上り、上った先が岩淵の間宿となる。落ち着いた雰囲気の街並みである。

岩淵の一里塚（江戸から三十七里）を過ぎ、道は左右に折れながら山を登って行く。東海道新幹線の下をくぐり、秋葉山常夜燈が並ぶ道を進む。東名高速道路を歩道橋で越えると、今度は蒲原宿に向かって真っすぐ下りる急な下り坂となる。真下には日本軽金属の工場と駿河湾が見えている。

富士川舟運の基地、岩淵の一里塚

蒲原宿は昔の宿場の街並みが保存されていて、風情があり美しい。今回の道中で初めて見る宿場の光景に軽い感動を覚える。現在は東海道町民生活歴史館となっている志田邸前にベンチがあるのを見つけ、足を投げ出して小休止する。ここまで結構な距離を歩いてきたし、岩淵から蒲原までの道は険しかったので足が痛い。それでもしばらく休憩していると回復してくるから不思議だ。

蒲原宿から由比宿へ

次の由比宿までは平坦で距離は一里。時刻は15時40分で日はまだ高い。今日は由比宿まで行くことにする。

蒲原から由比までは県道を行く。歩道が整備されていて歩きやすい。見たところ、旧国道1号線を県道に格下げしたようだ。この辺りは海岸から近い筈だが、海側に東海道線と国道1号線の富士由比バイパスが通っているので海は見えない。やがて山側から東名高速道路が覆い被さるように現れ、海側沿いには橋脚が林立

蒲原宿の志田邸前のベンチで休憩

している。なんとも興醒めな光景だが、この付近は山が海に迫る隘路なので、新旧東海道が揃い踏みしたと考えればなかなか楽しい。

由比の一里塚（江戸から三十九里）を過ぎると由比宿東枡形跡、これより由比宿である。由比宿本陣跡は公園となっており、東海道由比宿交流館と東海道広重美術館がある。今回は時間の都合で広重美術館には寄れなかったが、京都三条大橋まで歩いた後に再訪して東海道五十三次の旅を振り返ってみたいと思う。出来れば桜えびのシーズンが良い。

由比宿まで来たので本日の道程は終わりとしたいが、ここから由比駅までは２㎞近く離れている。由比宿西枡形跡を過ぎて由比川を渡り、桜えびを扱う魚屋が並ぶ道を歩く。由比駅には17時ちょうどに到着した。夕暮れ時で、周囲はあかりが灯り始めている。今日はこれから東海道線で沼津に出て祝宴を張るつもりだ。

由比本陣公園

■本日の歩行記録　37・9㎞、7時間32分
平均時速　5・0㎞／h
（小休止・信号待ち除く）

■並行する鉄道駅
沼津、片浜、原、東田子の浦、吉原、富士、富士川、新蒲原、蒲原、由比（東海道線）
計9駅区間

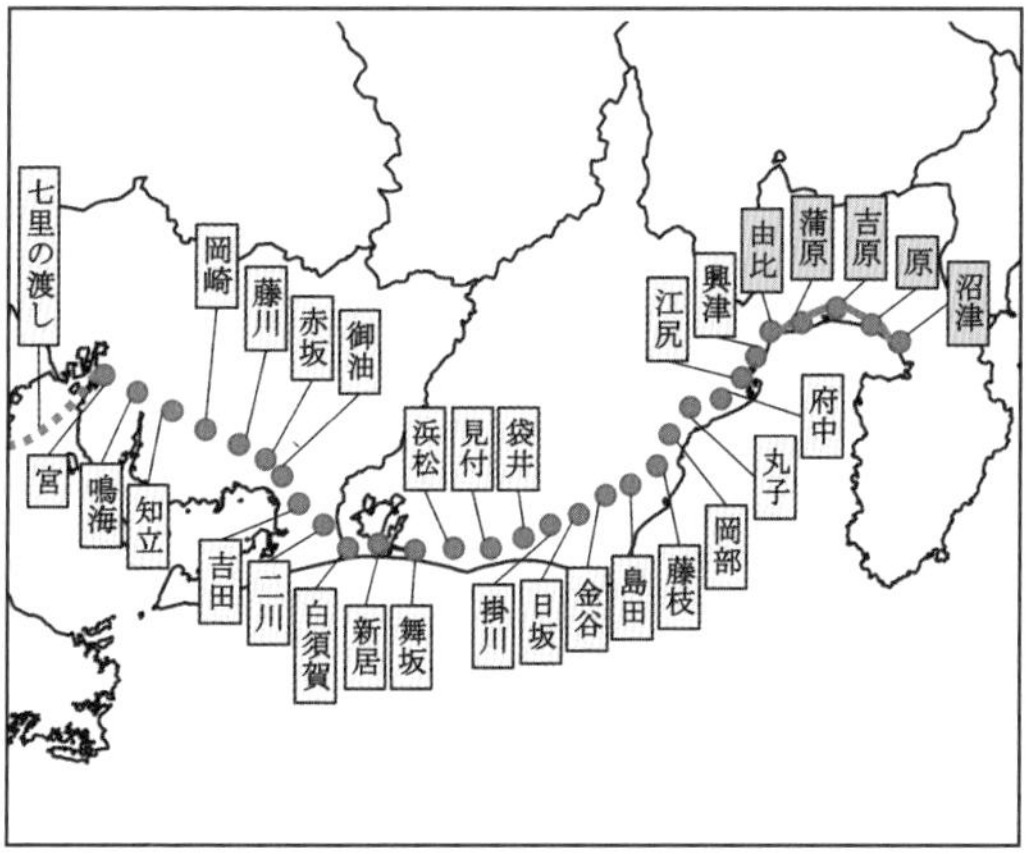

■歌川広重の画で辿る往時の東海道

歌川広重　東海道五十三次
原　朝之富士

歌川広重　東海道五十三次
吉原　左富士

歌川広重　東海道五十三次
蒲原　夜之雪

八日目　2021年12月25日(土)

行程：16由比宿〜17興津宿〜18江尻宿〜草薙駅

由比宿から薩埵峠を越えて興津宿へ

11月は家の引っ越しがあったので東海道五十三次の旅を中断していたが、年末になって家の片付けが完了したので旅を再開する。出発地点が江戸から遠くなるに連れて往復が大変になってきて、最初はSuica1枚持って適当な電車に乗れば良かったが、静岡県まで来るとさすがにそうはいかない。今回は一泊二日の日程である。今後は泊まり掛けの行程が増えてくるのだろう。

東京駅11時27分発のこだま721号に乗り、三

薩埵峠からの眺望

島で東海道線に乗り換えて13時9分に由比駅到着。今日はこれから薩埵峠の難所を越えて、駿河府中宿、つまり駿府を目指す。

由比駅から薩埵峠への道はかつて歩いたことがあり、ミカン畑の中を延々と登って行く。ミカン畑には積み出し用のモノレールが設置されているが、現役で使われているかはわからない。

薩埵峠は展望台になっており、遠くに富士山、眼下に駿河湾と東海道線・国道1号線・東名高速道路を見下ろす眺望がすばらしい。今日は少し雲が出ているが、富士山の山腹が見えている。前回沼津から由比まで歩いた際は富士山が全く見えなかったので、その分も堪能しておく。

薩埵峠から興津宿へ下る。一旦内陸側に迂回し、興津川に沿って河口近くまで下って橋を渡る。興津駅前を通過してしばらく行くと興津宿である。本陣、脇本陣は標石が立っているだけだが、興津宿公園というのが整備されていて一休み出来る。向かいの和菓子屋で「宮様まんぢう」という小粒の酒饅頭を買っておやつにする。創業明治三十年の老舗だそうだ。

興津宿公園

興津宿から江尻宿へ

　興津には坐漁荘という西園寺公望の別邸がある。これは目の前を通り掛かって初めて知った。ちょっと立ち寄ってみると、建物も庭も素晴らしいので、予定外だが思わずじっくり見てしまう。案内のボランティアのおじさまの話も面白かった。

　見学を終えると時刻は15時30分。今は一年間で一番日が短い時期なので、日が沈むまで一時間あまりしかない。少々焦りを感じながら、ペースを上げて国道1号線旧道を先へと進む。

　東海道線の踏切を渡り、清水の市街地に入る。旧東海道は国道から一本脇道にそれた道で続いている。清水駅の近くに江尻宿の東木戸跡があり、ここから先が江尻宿である。つまり東海道線の清水駅周辺は、駅が出来た当時は街外れの一角だったと推定する。宿場町の真ん中に鉄道を通すことや、ましてや貨物列車の入れ替えがある大きな駅など作れないだろうから、この立地関係は納得がいく。

坐漁荘（西園寺公望別邸）に寄り道

江尻宿から草薙駅へ、そして日没

江尻宿本陣跡などの宿場の中心は巴川の近くにあるが、残念ながら往時を偲べる建物はない。巴川の橋のたもとには船高札場跡があって、ここは船溜まりになっていて舟運の拠点だったそうだ。船溜まりの雰囲気は今でも残っている。

江尻宿西木戸跡を過ぎて、東海道線と静岡鉄道線の踏切を越える頃には日がすっかり落ちて来た。県道に合流する地点に草薙の一里塚（江戸から四十三里）があり、辛うじて写真は撮れたが周囲はもう暗い。

このまま暗い道を歩いても風景はよく見えないし史跡を見落とす可能性が高いので、草薙駅入口交差点まで進んだところで本日の道程は終了とする。今晩は静岡駅南口のビジネスホテルを予約してあるので、草薙駅から東海道線で静岡へ向かう。早くシャワーを浴びて、しぞーかおでん（静岡おでん）で晩酌したい。

草薙の一里塚

■本日の歩行記録　18・8km、3時間36分
平均時速　5・2km／h
（小休止・信号待ち除く）

■並行する鉄道駅
由比、興津、清水（東海道線）、新清水、入江岡、桜橋、狐ヶ崎、御門台、草薙（静岡鉄道線）
計7駅区間

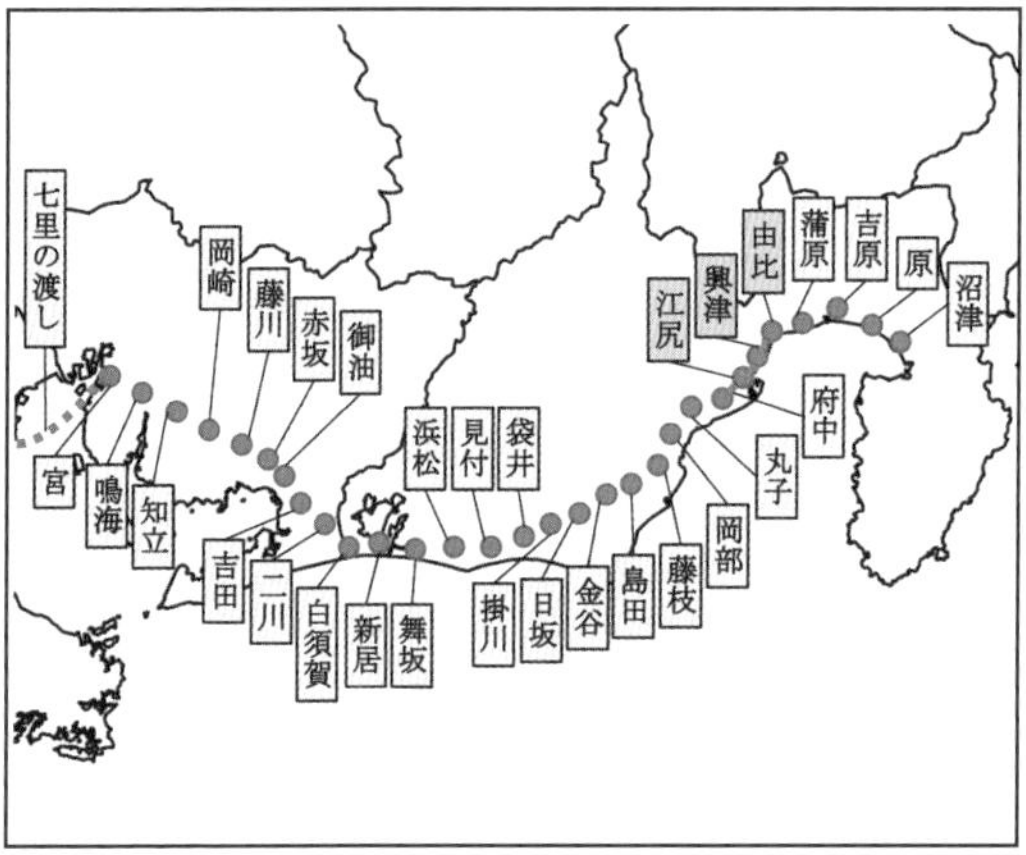

■歌川広重の画で辿る往時の東海道

歌川広重　東海道五十三次
由比　薩埵嶺

歌川広重　東海道五十三次
興津　興津川

歌川広重　東海道五十三次
江尻　三保遠望

九日目　2021年12月26日(日)

行程：草薙駅〜19府中宿〜20丸子宿〜21岡部宿〜22藤枝宿

草薙駅から府中宿へ

昨日は日没コールドゲームだったので、今日は日の出とともに出発してその分を取り戻そう。ホテルのロビーに下りておにぎりの朝食を、と思ったが、朝食会場は学生の団体でいっぱいである。一般客が入れるように会場を分けるとか、時間をずらしてもらうとか、団体引率者だけでなくホテルもそのくらいの配慮が欲しい。ともあれ、朝から誰かに文句を言うのも幸先が悪いし、混雑したロビーを早く抜け出したい。苦情は後日アンケートで伝えることにして、ホテルを後にしてコンビニでパンを買う。

朝焼けの静岡の街を新静岡駅まで歩き、新静岡7時8分発の静岡鉄道線で草薙へと向かう。A3000形という新しい車両で、乗った編成はピンク色のカラーリングだ。編成ごとにカラーリングが異なるのが面白い。

草薙からの東海道は、県道から一本それた道を行く。しばらく台地の上を通っているが、東名高速道路をくぐる辺りから坂を下りて平地に出る。右左折を繰り返すと東海道線の東静岡駅貨物ヤードの脇に出てきた。ここには立派な旧東海道記念碑が建っていて、石碑には昭和三十七年の操車場建設に伴い旧東海道が分断された経緯が記してある。

貨物ヤードと東海道線・東海道新幹線を地下道でくぐり、地上に出てくると頭上に静岡鉄道線のガードがあって、電車が轟音とともに通過する。だだっ広い貨物ヤードの横なのに、なぜかここだけは立体的な土地の使い方をしている。

国道1号線を斜めに横断し、今度は静岡鉄道線に沿った道を進む。長沼の一里塚（江戸から四十四里）は、住宅地の片隅に標柱だけが立っていた。やがて旧東海道は国道1号線に斜めに合流するが、この先の旧東海道が通っていた辺りはショッピングセンターやJRの車庫になっていて通ることが出来ない。道筋を記すと、国道1号線をそのまま柚木駅の横まで進み、東海道新幹線と

東静岡貨物ヤード脇の旧東海道記念碑

東海道線の架道橋の下をくぐり、階段を上がって旧東海道に復帰し、もう一度東海道線と東海道新幹線の架道橋の下をくぐるという、なかなか複雑な経路を辿る。

国道1号線との交差点の脇に府中宿東見付跡の標柱が立っている。場所は静岡鉄道の春日町駅の近くで、ここが府中宿の入口だ。さすがに大きな宿場で、新静岡駅近くにある本陣跡までは電車で3駅、距離にしてたっぷり1㎞はある。旧宿場の商店街を真っすぐ歩いて行くと、伝馬町交差点の手前に下伝馬本陣・脇本陣跡、交差点の先に上伝馬本陣・脇本陣跡の標柱が立っている。府中宿は本陣・脇本陣ともに二軒ずつセットで存在していたのだ。

府中宿東見付。後ろを静岡鉄道の電車が走る

府中宿から丸子宿へ

今朝がた電車に乗った新静岡駅の横まで戻ってきた。コーヒーショップが開いていたのでコーヒーを飲みながら休憩する。コーヒーショップの脇には西郷・山岡会見碑が建っていて、ここで西

西郷・山岡会見碑

郷隆盛と山岡鉄舟が会見して江戸城明け渡しや徳川慶喜の処遇についての根回しを行ったという。

時刻は朝9時、府中宿を出発して丸子宿を目指す。江川町、呉服町、札の辻、七間町、梅屋町と右左折を繰り返して宿場町を抜けると安倍川の河原に出る。橋の手前には石部屋という安倍川餅のお店があり、もう開店している。今日のお土産は安倍川餅で決定である。

安倍川橋を渡って振り返ると、空気が澄んでいて富士山が綺麗に見えている。朝から文句を言うのを控えた功徳だろうか、今日は色々と幸先が良いようだ。

丸子宿までは国道1号線に並行した県道を行く。恐らく旧国道1号線の格下げだろう。府中宿と丸子宿は一里十六町（6・3㎞）と近いので、安倍川橋から小一時間歩くと丸子宿に着く。

丸子宿と言えば江戸の昔より丁子屋のとろろ汁が有名で、広重の画にもしっかり描かれている。創業慶長元年（1596年）なので、東海道五十三次の成立よりもこの店の方が先である。

安倍川橋から見る富士山

さて、開店時間は11時、現在の時間は10時45分。お昼には少々早いが、東海道五十三次の旅でお昼どきに名物を食べられる機会はそうそうないので、ここでとろろ汁を戴きたい。整理券を取って開店時間を待つ。丁子屋が建っている場所は宿場最奥の丸子川沿いで、川風が爽やかである。付近には高札場が復元されており、待つ間も退屈はしない。

中に案内され、とろろ汁とむかご揚げ団子のセットを注文する。とろろ汁、むかご揚げ団子ともに栄養満点で、これから宇津ノ谷峠を越える旅人のお腹を満たす食べ物だったそうだ。私もまさにこれから宇津ノ谷峠を越える。

丸子宿から宇津ノ谷峠を越えて岡部宿へ

丸子宿から宇津ノ谷峠までは国道1号線と丸子川に絡みつくようなルートの旧道を歩き、徐々に高度を上げて行く。谷が狭くなった所に「道の駅宇津ノ谷峠」があり、ここで小休止してから

丸子宿の丁子屋

宇津ノ谷峠に向かう。

国道1号線はここから新宇津之谷隧道に入ってしまうが、旧東海道は丸子川沿いに脇道へそれて宇津ノ谷の集落に入り、宇津ノ谷の集落から宇津ノ谷峠へは山道である。比高は80mくらいだろうか、落葉が積もって歩きやすい山道を登ると宇津ノ谷峠である。宇津ノ谷峠は明治のトンネル、大正のトンネル、昭和のトンネルがあることで有名だが、旧東海道は明治のトンネルの上を切通しで抜けている。この切通しはおそらく江戸時代の土木工事の産物だろう。

ここから岡部宿までは岡部川沿いの県道を下る。30分程歩くと岡部宿の中心部で、そこには大旅籠柏屋という昔の建物が残っていて歴史資料館になっている。江戸時代の旅籠を見学するのは今回の旅で初めてである。本陣近くの格式が高い旅籠だ。岡部宿本陣跡も門が復元されており、中は本陣の間取りを模した公園になっている。宿場の規模は小さいが見所が多くて非常に好感が持てる。

宇津ノ谷峠の山道

岡部宿から藤枝宿へ

岡部宿から30分程行くと横内という集落を通る。朝比奈川の橋の前後に高札場跡や名残り松があり、昔の街道沿いの集落の様子を今に伝えている。葉梨川に沿って更に30分程行くと今度は鬼島という集落で、ここには火の見櫓が残っている。

鬼島から15分程で藤枝宿東木戸跡に着く。藤枝宿は田中城の城下町でもあり、神社仏閣や常夜燈はよく残っているが、下本陣・上本陣・問屋場といった宿場の主要施設は街並みに埋もれていて、歩道の化粧タイルに痕跡を残すのみとなっている。藤枝宿の東木戸跡から西木戸跡までは約２㎞あり、長い宿場町を形成している。

瀬戸川を渡ると志太の一里塚（江戸から五十里）がある。そのまま更に１㎞ほど進むと、東海道と県道と藤枝駅前通りが五差路を形成している青木交差点に差し掛かる。時刻は16時前、今日はここで切り上げて藤枝駅に向かうことにする。

岡部宿の大旅籠柏屋。中は歴史資料館

家へのお土産は安倍川餅に加え、藤枝駅前で桜えびせんを買った。藤枝からは東海道線で静岡に向かう。東海道線は宇津ノ谷峠を通らず、藤枝から焼津、用宗を経て、安倍川を渡り静岡に向かうルートを取る。

静岡駅では冷えたビールとつまみを買い、静岡16時41分発のひかり512号に乗って家路に就く。休日であるが、帰省にはまだ早い時期なので空いていた。

藤枝宿大手口近くにある町内安全常夜燈

■本日の歩行記録　31・9km、6時間18分
平均時速　5・0km／h
（小休止・信号待ち除く）

■並行する鉄道駅
草薙、県立美術館前、県総合運動場、古庄、長沼、柚木、春日町、音羽町、日吉町、新静岡（静岡鉄道線）
計9駅区間
静岡～丸子～岡部～藤枝は並行する鉄道なし

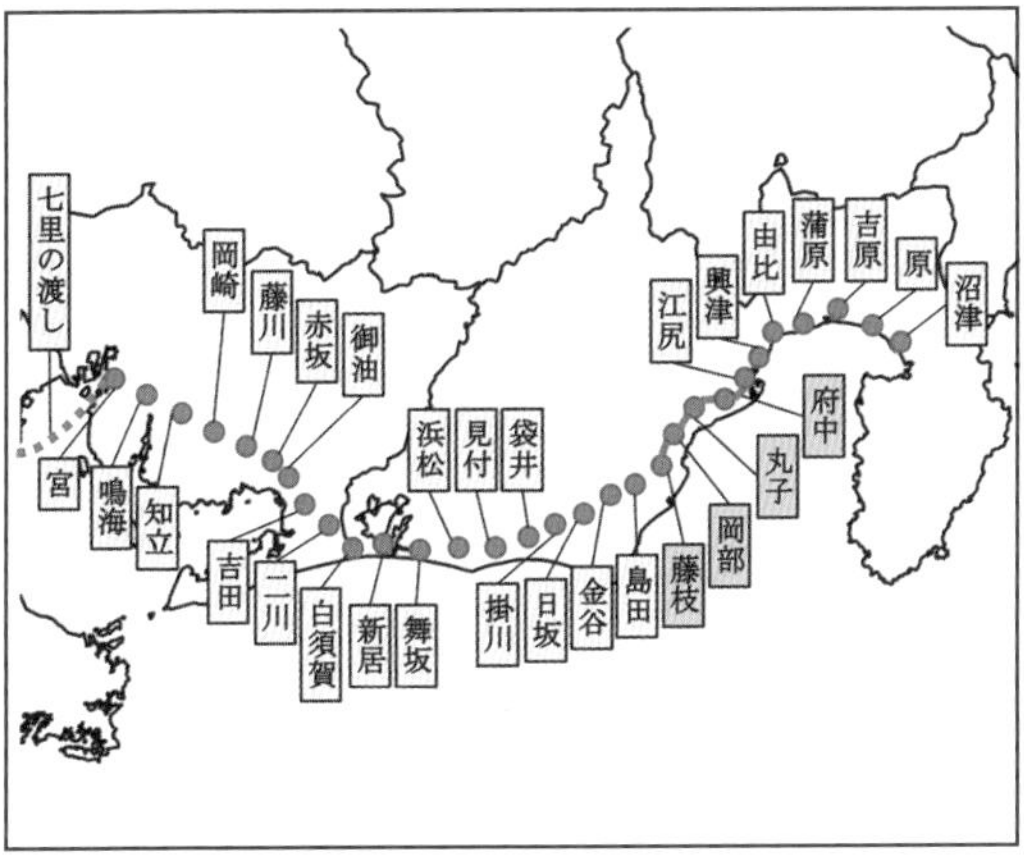

■歌川広重の画で辿る往時の東海道

歌川広重
東海道五十三次
府中　安部川

歌川広重
東海道五十三次
丸子　名物茶屋

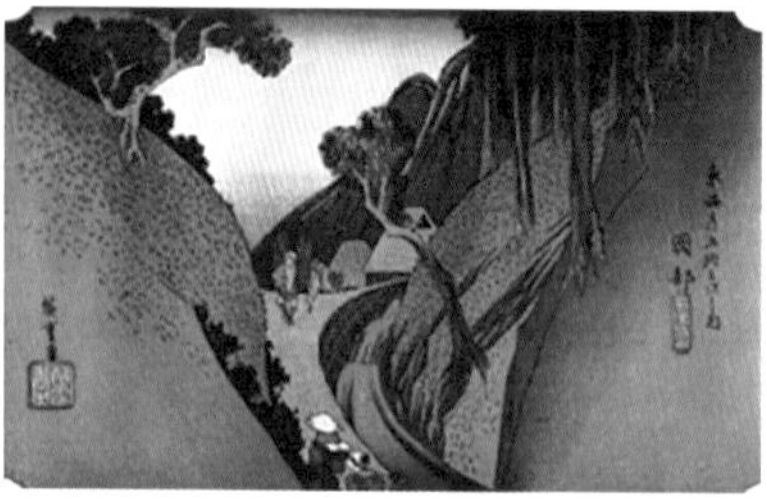

歌川広重
東海道五十三次
岡部　宇津之山

歌川広重
東海道五十三次
藤枝　人馬継立

十日目　2021年12月29日㈬

行程：22藤枝宿〜23島田宿〜24金谷宿〜25日坂宿〜26掛川宿

藤枝宿から島田宿へ

昨日は年末の仕事納めだった。最近の仕事納めは宴会がなく、簡単に机の上を片付ける程度で早々に会社を出るので早寝早起きには持ってこいである。朝4時前には起きて、東京5時20分発の沼津行で西を目指す。この電車は以前も乗ったが、夜通し飲んでいたとおぼしき連中と、早起きでお出掛けする人が混在している。私の真向かいに座った若造は夜通し組らしく、品川で乗ってからずっと寝ている。そのまま終点沼津まで行って「ここはどこ？」となるのだろう。

三島駅で始発の静岡行に乗り換える。素早く行動して座れたが、あっという間に行楽客と通勤通学客で満席になる。混んでいるのであまり身動きは取れないが、吉原付近からは富士山がとても綺麗に見えた。この辺りは十月に歩いている。

静岡で向かいのホームに停まっている浜松行に慌ただしく乗り継いで、藤枝に8時49分に到着した。上着をナップザックにしまい、帽子を取り出して今日の歩行をスタートする。天気は晴れで無風、冬の割には暖かく歩きやすい天気だ。まずは駅前通りを北上して、青木交差点から旧東海道に入る。

旧東海道は東海道線に沿って西へ延びている。この辺りは電車の本数が多いし、貨物列車も通るので見ていて飽きない。40分程歩いた松並木の一角に上青島の一里塚（江戸から五十一里）があった。六合駅の脇を抜け、島田宿東見付跡と島田の一里塚（江戸から五十二里）まで更に50分程の道程である。

島田宿は大井川の手前にあり、川越宿場として大いに賑わったそうで、上本陣、中本陣、下本陣と本陣が三つもある。本陣があった辺りはおび通りという歩行者天国となっていて、からくり時計やお洒落な飲食店が点在している。藤枝駅からここまで8㎞歩いてきたので、おび通りのベンチで小休止する。

島田宿本陣近くのおび通り

島田宿から大井川を渡り金谷宿へ

島田宿から大井川に向けて歩く。川の手前に昔の番宿と川会所が立ち並ぶ一角があって風情がある。往時の大井川は橋がなく、川越し人足に担いで貰って越えたそうだが、現代では橋が架かり歩いて越えることが出来る。少し上流にある大井川橋へ迂回し、昭和三年竣工の古いトラス橋を渡る。金谷側の大井川の土手下にもかつて番宿と川会所が立ち並んでいた一角があり、小さな公園が整備されている。

大井川鉄道の新金谷駅の踏切を渡る。古い鉄道の情景で、蒸気機関車の機械油の匂いがする。ここから金谷駅までは商店が連なる上り坂となる。この商店街はかつての金谷宿の中心部で、本陣が三つあったそうだ。内、柏屋本陣跡は整備されてモニュメントとなっている。

大井川の渡し手前の番宿と川会所

金谷宿から小夜の中山を越えて日坂宿へ

金谷宿の中心部からさらに坂を登ると金谷の一里塚（江戸から五十三里）、東海道線の架道橋をくぐって金谷駅の裏手に回ると、牧之原台地に取り付く金谷坂が始まる。

金谷坂の石畳を登る。石畳の途中に「すべらず地蔵尊」がある。今日は晴なので滑る感じはないが、丸石の石畳で足など挫かないように手を合わせて道中の無事を祈る。

金谷坂を登り切ると茶畑の真ん中に出た。牧之原台地は静岡茶の名産地として知られるが、開墾は明治維新に遡るという。当時の静岡藩は徳川家に仕える武士を大量に抱えて経済的に厳しく、失業状態にあった士族や、川渡し制度の廃止で職を失った大井川の川越え人足の手により、水が乏しい荒れ地だった牧之原台地を開墾して、当時の輸出作物である茶を植えて経済振興を図ったという。つまり江戸時代の東海道五十三次の時代には、この茶畑の情景は存在していなかったことになる。

金谷坂の石畳

この地は駿遠国境に位置する諏訪原城の要害の一部でもある。諏訪原城は天正元年に武田勝頼が配下の馬場信春に命じて造らせた城で、武田流築城術の粋である丸馬出しや三日月掘がよく残っている。東側は金谷宿と大井川、それに島田から藤枝、焼津方面まで見渡せ、西は菊川の谷を挟んで牧之原台地が見渡せる、国境の要所である。戦国時代の城跡を見るのは大好きなので、東海道五十三次の旅の途中ではあるが、諏訪原城跡に寄り道して見学する。

諏訪原城跡からは菊川坂の石畳を下りて菊川の里に出る。ここは金谷宿と日坂宿の間の宿で、茶屋などがあったようだ。谷の中に落ち着いた街並みが並ぶ。

菊川の里からは青木坂を真っすぐ登って行く。比高は150mくらいだろうか、なかなか坂の終点が見えない。登り切ると西行法師の歌碑をはじめ、色々な歌人の歌碑が建っている。ここが有名な小夜の中山だ。佐夜の中山とも言う。ちょっと茶店に寄って休憩したいが、現代の小夜の中山には茶店はない。持っていた

菊川坂の石畳と茶畑

ペットボトルの水を一気に飲み干す。

佐夜鹿の一里塚（江戸から五十六里）を過ぎると道は緩やかな下りになる。そのまま緩やかな下りが続くと思いきや、夜泣き石を過ぎると七曲りの急坂を一気に下る。途中に広重の日坂・佐夜ノ中山の画のモニュメントがあり、急坂を行き交う旅人や駕籠かきが描かれている。正に画に描かれているような急坂なので、下り坂で膝が笑いそうになる。国道1号線をくぐると日坂宿である。本陣跡の公園で小休止して足と膝の回復を図る。

日坂宿から掛川宿へ

日坂宿は坂道に立地した小さな宿場で、本陣門や旅籠、商店の街並みが残っていて風情がある。高札場跡と下木戸跡を過ぎると宿場の出口である。

日坂から掛川までは逆川沿いの県道を行く。緩い下り坂が続いていて歩きやすい。途中に塩井神社という神社の横を通るが、こ

日坂宿の街並み

の神社は逆川の対岸に位置しているのに、川を渡る橋がないという不思議な立地にある。川の手前に鳥居が建っているので、手を合わせて通り過ぎる。

伊達方の一里塚（江戸から五十七里）、葛川の一里塚（江戸から五十八里）を過ぎると掛川宿に近づくが、掛川宿の東側は七曲りといって道がクランク上に曲がりくねっている。掛川城の防御のためにそのような道の形にしたそうだ。ということは、掛川城は主に東から来る敵に備えたということになるが、徳川家康が諏訪原城の武田方の攻勢に備えたのか、はたまた豊臣方の山内一豊が江戸にいる徳川家康に備えたものか、おそらく後者だと思うが、掛川城と城下町の成立を考える上で興味深い。

掛川宿の東番所跡は七曲りの途中にあり、何故ここに入口を置いたのか少々不思議である。七曲りを抜けると広い通りに出る。掛川宿本陣跡は「本陣通り」という屋台村になっていて、名前は良いが肝心の建物は全然本陣らしくないので、やや興醒めである。

川を渡る橋がない
塩井神社

今日は掛川のビジネスホテルに泊まる。9階の天然温泉の露天風呂から掛川城天守閣が見える最高の立地にあり、ここに泊まるのは二回目である。掛川の街は小さいが美味しい居酒屋が多い。ひと風呂浴びて旅の疲れを癒やした上で、今夜は大いに祝杯を挙げようと思う。

掛川宿本陣跡。現在は屋台村になっている

■本日の歩行記録　29・8km、6時間4分
平均時速　4・9km／h
（小休止・信号待ち除く）

■並行する鉄道駅
藤枝、六合、島田、金谷、菊川、掛川（東海道線）
計5駅区間

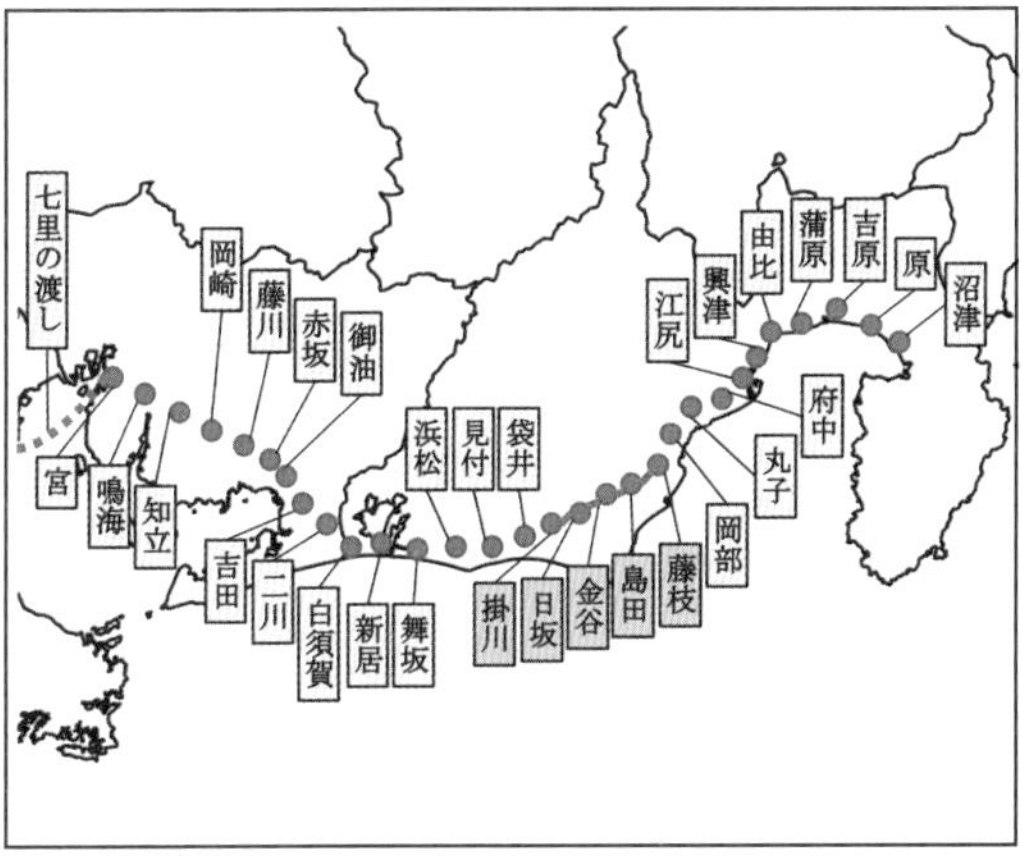

■歌川広重の画で辿る往時の東海道

歌川広重
東海道五十三次
嶋田　大井川駿岸

歌川広重
東海道五十三次
金谷　大井川遠岸

歌川広重
東海道五十三次
日坂　佐夜ノ中山

歌川広重
東海道五十三次
掛川　秋葉山遠望

十一日目　2021年12月30日㈭

行程：26掛川宿〜27袋井宿〜28見付宿〜29浜松宿

掛川宿から袋井宿へ

掛川の朝は牧之原台地から昇る朝日が美しい。早起きは三文の徳とばかりに、清々しい空気の中、大手門から掛川城を見上げながら出発する。私はこの街が気に入ってしまったようだ。

掛川宿を抜けると、東海道は右折して逆川の橋を渡り、今度は左折して支流の倉真川の橋を渡り、もう一度左折して逆川に沿って下る。防御のために曲げたのではなく、川の合流点を避けながら橋の長さを短くするための措置だろう。天竜浜名湖線の西掛川駅のガード下をくぐり、袋井宿を目指して西に進路を取る。大池の一里塚（江戸から五十九里）を経て、原川の松並木を通る。掛

朝焼けの中、掛川城を見ながら出発

川を出てからここまで約1時間歩いてきた。松並木横のベンチで小休止する。

国道1号線に合流し、原野谷川に架かる同心橋を渡ると名栗の立場跡がある。昔はこの辺りに茶屋があったそうだ。名栗から久津部までの間も松並木が残っており、大和ハウスの工場裏手の道がそうだ。久津部の一里塚（江戸から六十里）は袋井東小学校の敷地の一角にあり、立派な土塁と松の木がある。小学校創立百年を記念して歴史を後世に伝えるために整備したとのことで、とてもありがたいことである。

久津部の一里塚から30分程歩くと袋井宿江戸口。「これより袋井宿」の碑が建ち、「東海道どまん中茶屋」という無料休憩所もある。オフシーズンの朝なので休憩所は閉まっていたが、袋井宿を挙げて東海道五十三次の旅人を歓迎しているようだ。

久津部の一里塚

袋井宿から見付宿へ

袋井宿の中心部に着いた。東本陣跡は公園になっており、斜め向かいには袋井宿場公園という大きな公園が整備されている。袋井は江戸からも京都からも27番目の宿場にあたり、「東海道五十三次のどまん中」をキーワードに観光施設整備を行っているそうだ。西見付跡にも高札場と秋葉灯篭と土塁が復元されており、見所が多い。

袋井宿を出て県道沿いを進む。木原の一里塚（江戸から六十一里）は復元されて立派な塚がある。この辺りは木原畷古戦場で、武田信玄と徳川家康との間で三方ヶ原の戦いの前哨戦が繰り広げられていたそうだ。許禰神社の境内に解説板が建っている。

太田川の橋を渡ると大日山が立ちはだかる。国道と県道は切通しでクリアするが、旧東海道は急坂を登る。大日堂の参道脇に江戸の古道の石碑が建っている。ここから道は緩い下り坂となるが、小さな川を渡ると再び登りとなり、行人坂と名前がついている。

「東海道どまん中」袋井宿の案内板

登り切ると県道の上を歩道橋で越える。この辺りの地名は富士見といって、西から東海道を歩いてきて初めて富士山が見える場所だそうだ。今日は少し空気が霞んでおり、富士山は見えない。

富士見から見付まで愛宕神社脇の急坂を下る。坂を下ると見付宿東木戸で、歩道上に木戸を模したモニュメントがある。ここからはカラー歩道が整備された街並みを行くが、沿道の建物は新しいので宿場情緒とまではいかない。宿場関連の史跡は脇本陣大三河屋跡の薬医門が残っているが、見付で有名なのは旧見付学校の方だろう。日本最古の洋風木造小学校校舎で、明治八年に落成・開校したそうだ。

もう一つ有名なのは遠江国分寺跡で、こちらは奈良時代の建立とされており、国の特別史跡として発掘調査が行われている。またもや頭の中で歴史がゴチャ混ぜになってきた。

東海道は見付宿を出ると、磐田駅近くで右折する。昼食を食べるチャンスと思ったが、磐田駅前は思いの外、飲食店が少ない。開いていたそば屋に入ったが、大量の出前注文が入っていたらし

見付学校の
洋風木造小学校校舎

く、そばが出てくるまで30分以上待たされた。待っている間は暇なので、出前用の岡持ちに丼を収める様子を見ていたら、ざっと20人前はある。

見付宿から天竜川を渡り浜松宿へ

無事にそばがお腹に収まったので、歩行を再開する。この辺りは中泉といって、徳川家康はよく鷹狩りで訪れており、御殿もあったそうだ。今は普通の住宅地である。やがて旧東海道は県道と合流し、天竜川の手前までは一本道となる。宮之一色の一里塚(江戸から六十三里)や、所々に残る名残り松を見ながら県道を行く。天竜川の手前は長森立場といって渡しを控えた間の宿だったそうだが、ここも普通の住宅地になっていて往時を偲ぶような建造物はない。

天竜川の土手に上がると冬の西風が強く、真っすぐに歩けない程である。天竜川の橋は、県道の天竜川橋と国道1号線の新天竜

宮之一色の一里塚

川橋が並んでいるが、歩道があるのは新天竜川橋の方である。強い向かい風の中を歩いて天竜川を渡る。橋のたもとには小さな広場とベンチがあり、そこは風が遮られている。ベンチに座って一息つく。

天竜川を渡ってしばらくは裏道を進む。この辺りは中野町というらしい。今は静かな住宅地で、住宅が密集しているのは天竜川の渡しの基地だった名残だろう。美味しそうな店構えの鰻屋があるが、昼下がりなので店は閉まっている。安間の一里塚（江戸から六十四里）を過ぎると県道と合流し、名残り松や立場跡が点在する道を進む。子安交差点からは国道152号線が斜めに合流してくるが、道幅はあまり変わらない。この辺りは目ぼしい史跡はない。

馬込の一里塚（江戸から六十五里）を過ぎて馬込川を渡ると浜松宿外木戸跡、宿場の東入口である。ここから先はビルが立ち並んで都会の風情になる。このまま浜松市街を真っすぐ進み、遠州鉄道線の高架をくぐり連尺交差点を左折する。この辺りが浜松宿

強い西風の中、天竜川を渡る

の中心部で、浜松城の大手門跡、高札場跡、佐藤本陣跡、梅屋本陣跡などの標石や解説板がある。浜松宿は本陣が六つもあったそうだが、いずれもビル街に埋もれてしまい、地名以外で往時を偲ぶようなものはない。伝馬町交差点で本日の道程は終了とし、鍛治町通りを浜松駅へと歩く。浜松駅ビルでお土産のうなぎを買いこみ、駅ビル内の居酒屋で軽く晩酌してから17時17分発のひかり514号で帰る。

伝馬町の梅屋本陣跡解説板

■本日の歩行記録　34・0km、6時間46分
平均時速　5・0km／h
（小休止・信号待ち除く）

■並行する鉄道駅
掛川、愛野、袋井、御厨、磐田、豊田町、
天竜川、浜松（東海道線）
計7駅区間

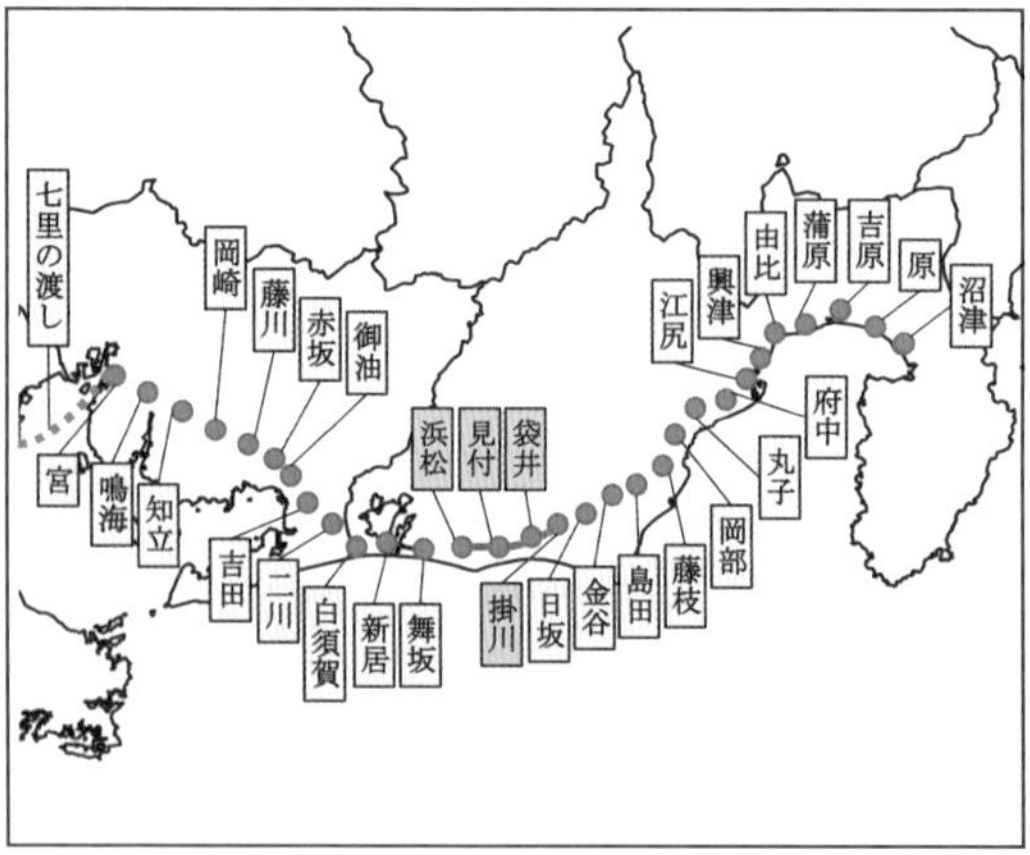

■歌川広重の画で辿る往時の東海道

歌川広重　東海道五十三次
袋井　出茶屋ノ図

歌川広重　東海道五十三次
見附　天竜川図

歌川広重　東海道五十三次
濱松　冬枯ノ図

十二日目　2022年2月26日(土)

行程：29浜松宿〜30舞坂宿〜31新居宿〜32白須賀宿〜33二川宿〜34吉田宿

浜松宿から舞坂宿へ

約二カ月ぶりに東海道五十三次の続きを歩く。この二カ月間だが、一月末に熱を出して、自主隔離やPCR検査やらで外出遠出どころではなかった。一日で熱は引いて大事には至らなかったが、コロナ禍のこの御時世ではおちおち知恵熱も出せない。

東京駅6時30分発のこだま701号で浜松へ向かう。これが東京駅から出る始発のこだまである。常日頃より6時頃に東京駅を出るこだま号があったら嬉しいと思っているのだが、その時間帯にはのぞみ号しかないので、東海道新幹線の各駅に行くにはこの列車しか選択肢がない。果たして、次々と後続ののぞみ号を退避しながら走り、浜松には8時18分着。6時発のぞみ1号であれば京都を過ぎて新大阪の手前を走っている時間だ。

浜松駅に着いた途端、のぞみに何本抜かれたとかは頭の中から消し去る。何せここからは徒歩の旅なので、速度に関して新幹線はおろか在来線の普通電車にも遠く及ばない。

朝の日差しの中、鍛冶屋町通りを伝馬町交差点へ向かい、本日の道程を始める。浜松の市街地を出て、若林の一里塚（江戸から六十六里）を経て高塚までは所々に名残り松がある国道257号線を進む。高塚から先は国道から分かれ、篠原の一里塚（江戸から六十七里）や高札場跡、秋葉灯篭を見ながら舞坂宿に向かう。道は真っすぐで、途中には長池松並木や広重の舞坂の画のレリーフ、浪小僧像などの史跡が点在する。旅情緒豊かな気持ち良い道だ。

舞坂の一里塚（江戸から六十八里）は舞坂宿の東見付と同じ場所にある。ここから先は舞坂宿で、宿場町には浜名湖の海苔屋が立ち並び、往時の風情が少し残っている。新海苔の暖簾が掛かったお店でお土産の海苔とたたみいわしを買う。結構な分量を買ったが、海苔もたたみいわしも軽

長池の松並木を行く

いので、折れないようにさえ気を付ければ左程の荷物にはならない。

浜名湖の湖岸が近づくと本陣と脇本陣が並んでいて、茗荷屋脇本陣の遺構は中を見学できる。浜名湖沿いには船着き場の雁木跡があり、一部は灯台が復元されている。この辺りには漁船が多く、岸に牡蠣殻が積まれた一角もある。舞坂は現役の漁港である。

舞坂宿から浜名湖を渡り新居宿へ

往時の東海道は、ここから新居宿までの一里は浜名湖を行く「今切の渡し」が通じていたのだが、現代には渡し舟はない。とにかくここから新居宿までは歩かずに交通機関に乗るのが「本式」に近い。目の前の弁天島に渡ると東海道線の駅があり、東海道線で浜名湖を渡ることが出来る。弁天島駅11時58分発の豊橋行に乗って隣の新居町駅まで行く。新居町駅で降りて駅前食堂に入ると、ランチメニューで牡蠣天丼というのがある。この辺りは浜

舞坂宿の北雁木から浜名湖を望む

名湖の牡蠣の産地である。

少し贅沢な昼食を済ませ、「東海道」と地図上に書かれた道を新居関所に向けて歩く。これは少し変な表現で、本来の船着き場は新居関所の所にあったので、厳密にはこの辺の道は東海道とは言えない。新居関所の中は建物や船溜まりが復元されており、展示も充実しているので時間を掛けて見学する。

新居宿から白須賀宿へ

13時過ぎに新居宿を出発する。舞坂宿と新居関所の見学に時間を費やした分、この後のスケジュールが慌ただしくなってきた。歩く速度を上げて松並木の道を行く。こういう時のBGMは高速ドラムのヘビメタに限る。この辺りは遠州灘から近い筈だが、海は見えない。

白須賀宿が近づいてくると道は右に折れて潮見坂を登る。急坂を登り切った所に「おんやど白須賀」という資料館や展望台があ

復元された新居関所

る。緩い坂を少し下るとそこが白須賀宿であった。本陣跡や問屋場跡の標柱が立っている。元の白須賀宿は海沿いにあったが、宝永四年（１７０７年）の宝永地震で津波被害にあって山の上に移転したとのことだ。

白須賀宿から二川宿へ

白須賀宿を出てしばらく行くと、境川に架かる橋を渡って遠江国から三河国に入る。現代の行政区分でも静岡県から愛知県に変わり、長かった静岡県の旅もやっと卒業である。一里山から国道1号線に合流し、二川宿までは国道の歩道を行く。細谷の一里塚（江戸から七十一里）を過ぎると目ぼしい史跡はなく、車通りが多い道を1時間ほど我慢して歩く。

東海道新幹線のガードをくぐり、梅田川に架かる橋を渡ると二川宿である。ここは宿場町の雰囲気を良く残しているだけでなく、本陣跡と、隣接する旅籠屋跡が復元公開されている。時刻は16時

潮見坂の上から遠州灘を望む

10分。17時の閉館に何とか間に合った。そのまま閉館間際まで見学させてもらう。雛祭りが近いこともあり、旅籠屋跡は雛人形や吊るし雛の展示で華やかだ。見学している人は小さな女の子連れの家族が多い。

二川宿から吉田宿へ

二川宿を17時に出て、吉田宿までの最終コースを歩いていく。飯村の一里塚（江戸から七十三里）から先は国道1号線に合流し、国道の歩道をひたすら歩く。東八町歩道橋付近が吉田宿の東入口で、豊橋鉄道の路面電車が走っている。ここには東惣門跡があったらしいが、周囲が暗くて見落とした。城下町特有のクランク状の道を進み、札木町の辺りが吉田宿の中心部である。歩道上に吉田宿本陣跡の標柱を見つけて写真を撮る。

時刻は18時40分、本日の道程はここで終了にする。今夜の宿は豊橋駅前のビジネスホテルを取ってあり、路面電車に乗って

二川宿の旅籠清明屋。雛人形を展示中

向かう。やってきたのは元名鉄揖斐線・岐阜市内線を走っていたモ780形。バンパー周りのデザインが濃い顔つきの電車で、1997年製とまだ新しい。車内は快適そのものである。

19時前にホテルにチェックインする。コロナ禍で飲食店は早仕舞いなので、早く荷物を置いてビールを飲みに行きたい。目星を付けていた店を3件ほど断られた後、骨付鳥とからあげの店に入れた。名古屋発祥のチェーン店らしいが、鳥好きの私には持ってこいの店だ。骨付鳥や唐揚げをつまみにビールを飲む至福の時を過ごして居ると、たくさん歩いた疲れなどあっという間に吹き飛んでいく。

豊橋市内線のモ780形で豊橋駅前に到着

十二日目 ｜ 29浜松宿〜30舞坂宿〜31新居宿〜32白須賀宿〜33二川宿〜34吉田宿

■**本日の歩行記録** 35・6㎞、7時間7分
平均時速 5・0㎞／h
（小休止・信号待ち除く）

■**並行する鉄道駅**
浜松、高塚、舞阪、弁天島、新居町、鷲津、新所原、二川、豊橋（東海道線）
計8駅区間

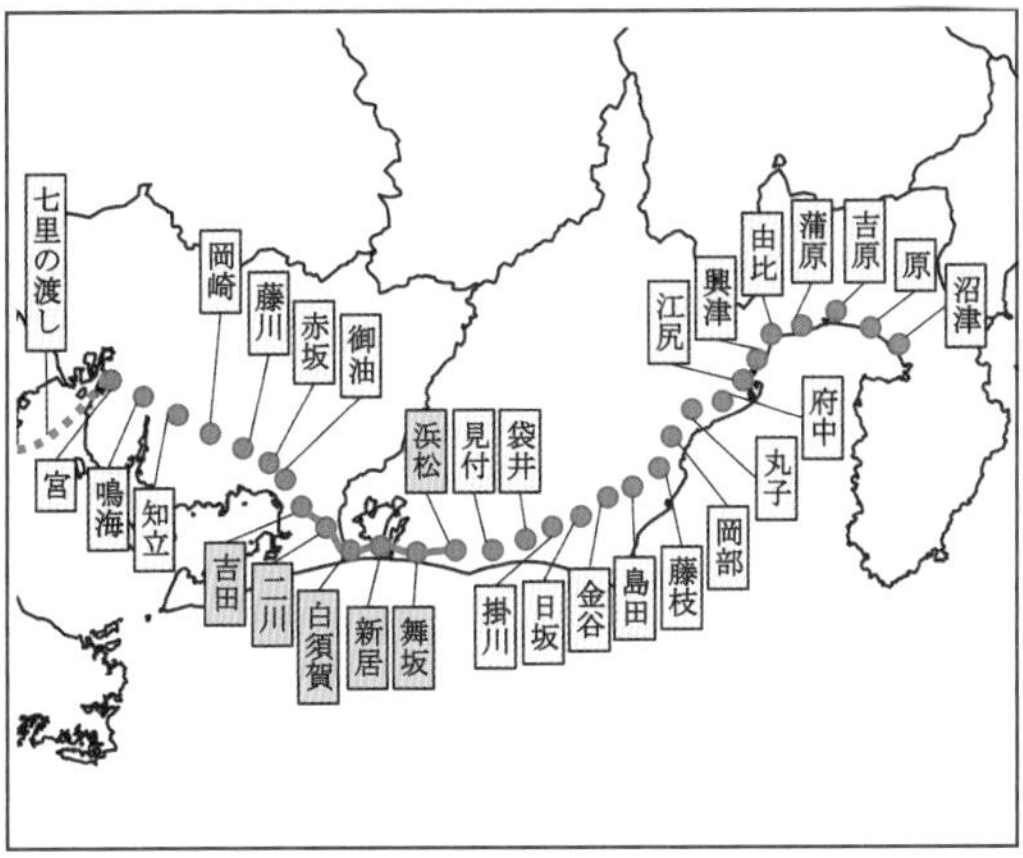

■歌川広重の画で辿る往時の東海道

歌川広重
東海道五十三次
舞坂　今切真景

歌川広重
東海道五十三次
荒井　渡舟ノ図

歌川広重
東海道五十三次
白須賀　汐見阪図

歌川広重
東海道五十三次
二川　猿ヶ馬場

十三日目　2022年2月27日㈰

行程：34吉田宿～35御油宿～36赤坂宿～37藤川宿～38岡崎宿

吉田宿から御油宿へ

豊橋駅前のホテルを朝8時に出発した。まずは吉田宿本陣跡へと向かう。昨日は路面電車を使ったが、今日は街中を歩いてみる。明るい中で改めて街並みを見ると、結構昔の風情が残っていることが分かる。吉田宿本陣跡をよく見ると鰻屋が建っていた。

東海道の道筋は右左折を繰り返して吉田宿を抜けていく。西惣門を過ぎて船町に至り、豊川に架かる豊橋を渡る。橋の読みは「とよばし」と濁る。豊橋を渡ると左折して豊川の土手下の道を辿り、下地の一里塚（江戸から七十四里）を経て豊川放水路の橋を渡る。橋は周囲より高くなっていて、名鉄線・飯田線・東海道

吉田宿本陣跡。鰻屋になっている

線の鉄橋と、名鉄線・飯田線の分岐点が見渡せる。電車ウォッチングには格好の場所なので、橋のたもとにしばらく滞在する。

再び歩き始める。国道２４７号線を越えて緩い坂道を登り、飯田線の小坂井踏切を渡る。この辺りは道が狭く、いかにも旧街道という風情である。秋葉神社の横を過ぎると道は真っすぐになり、名鉄線と国道1号線の間を進んで行く。伊奈村立場茶屋跡、伊奈の一里塚（江戸から七十五里）を過ぎ、小田渕縄手を進む。途中の県道31号線との交差は高架敷地に阻まれて進めないので、国道1号線の横断歩道まで迂回する。

やがて国道1号線と斜めに交差して名鉄豊川線の踏切を渡る。今日も強い西風が吹いており、横風を受けて足元が少しふらつく。国府駅の手前で道は右左折を繰り返し、名鉄豊川線と名古屋本線の合流点を踏切で渡る。その時、突風が吹いてにわか雨が落ちて来た。国道1号線のアンダーパスに逃げ込み、目の前にあったコンビニに入って雨宿りする。幸い雨は15分程で上がった。

雨上がりの国府の街中を歩く。神社仏閣が多い街で、東海道は

国府の大社神社

それらの間を縫うようにカーブして抜けている。やがて右手に三河国府の総鎮守である大社神社が見えて来た。ここは立ち寄ってお参りをする。神社を過ぎると御油の一里塚（江戸から七十六里）の標柱が立っていた。

姫街道追分を経て、音羽川を渡ると御油宿の江戸口である。その先の道はクランク状に曲がっており、高札場跡、問屋場跡、本陣跡がある宿場の中心部である。音羽川沿いには御油の松並木資料館という施設があり、立ち寄って見学する。

御油宿から赤坂宿へ

御油宿と次の赤坂宿は非常に近く、距離にして十六町、1・5㎞程である。その間の道が御油の松並木で、国の天然記念物となっている。惜しいのはこの道は車も通れる上に、それなりに交通量があることで、松並木を歩いていても車の排気ガスと騒音に容赦なくさらされる。松並木保存と観光を両立させるために

御油の松並木

も、近所の人以外の車はここを通れないようにして半歩行者天国に出来たら良いのにと思う。

松並木を抜けると赤坂宿に着く。ここには旧旅籠大橋屋の正徳六年（1716年）築の建物が残っており、中を見学できる。非常に見応えがあり、ボランティアの方の熱心な解説もあって30分程滞在した。御油、赤坂は遊興の宿場として知られていたとのことで、広重の画にも腕を掴んで客引きをする宿の女たちが描かれている。

赤坂宿から藤川宿へ

赤坂宿を出ると田舎道となる。長沢の一里塚（江戸から七十七里）を過ぎ、道は緩やかに登る。なかなか歩きやすい道ではあるが、やがて国道1号線と合流してしまう。ここから本宿までの間は東三河と西三河の間の峠越えで、国道1号線、名古屋鉄道本線、東名高速道路が狭い谷にひしめき合うように通っている。多少大

赤坂宿の旧旅籠大橋屋

型車の排気ガスは浴びるが、並行している名鉄線を特急・急行が頻繁に通過するので、電車を眺めながら歩けば飽きることはない。

眺望が開けると本宿の入口で、石碑と冠木門、常夜燈が建っていた。左折して坂を下ると本宿の街並みに入る。ここは正式な宿場ではないので本陣や旅籠はないが、寺院が多く、古い街並みも残っていて趣がある。

本宿の一里塚（江戸から七十八里）を通り過ぎ、しばらく行くと再び国道1号線と合流する。国府からここまで店らしい店はなかったが、ここにはロードサイド型のうどん屋があり、やっと昼食にありつく。

旧東海道は国道1号線と分岐、合流を繰り返しながら進む。名電山中駅前を過ぎ、国道1号線に合流すると右手の丘の上に名鉄の舞木検査場が見える。非常に大規模な車両基地で、丘の上に留置している赤や白の色鮮やかな電車は下から見上げても非常に目立つ。

次に左手に分岐すると藤川宿の入口にあたる東棒鼻跡があり、

藤川宿脇本陣の門。中は藤川宿資料館

石垣や柵が再現されている。

藤川宿は馬の背状の台地の上に位置する宿場で、左右の幅が狭い。街並みは往時の風景をよく残している。本陣跡は公園になっており、休憩していると築堤の真下を名鉄特急が通過していった。脇本陣は当時の門が残っており、中には宿場の資料館が建っている。管理人はいるようだが普段は無人の施設で、自分で電気のスイッチを点けて展示物を見る。宿場町の緩い坂を下りて行くと、藤川小学校の横に西棒鼻跡の石垣や柵が復元されていた。史跡が小学校の敷地に取り込まれると学術的観点から保存・整備が進むので、とてもありがたいことである。

藤川宿から岡崎宿へ

藤川宿を出て名鉄線の踏切を渡ると、藤川の松並木の緩い坂道を下る。ここもなかなか気持ちが良い道なので、車通りが少なくなるともっと良いだろう。松並木が尽きると国道1号線に合流し、

藤川の松並木と名鉄線踏切

更に坂を下る。

美合付近で再び国道1号線から分岐し、松並木と住宅地の中を進む。このまま進むと乙川と交差するが、ここに架かっていた大平橋は国道側に移されているため、川の土手で道は行き止まりになっている。不法投棄が多いのか、蛍光カラーのドクロのお面と「ゴミ捨てるな」の手製看板が目立つ。昼間見ても相当気持ち悪いお面なので、こんなのを夜に見せられたらさぞ心臓に悪いだろう。

旧東海道は国道1号線と斜めに交差し、坂を登ると大平の一里塚（江戸から八十里）がある。南塚は原型を留めており、国指定文化財として整備されている。

東名高速道路の岡崎インターのアプローチ道路をくぐると、国道から分岐して住宅地に入っていく。岡崎宿の入口は冠木門が復元されている。ここから岡崎宿の本陣までは2km近くあり、城下町の規模の大きさを物語っている。岡崎城下は二十七曲りと言われ、至る所で道がクランク状に曲がっている。勿論冠木門の前も

大平の一里塚

曲がり角である。

　岡崎宿の中心部は古い建物の痕跡はないが、東本陣跡の斜め向かいに備前屋という創業天明二年（１７８２年）の老舗和菓子屋が建っていて歴史を今に伝えている。この先、西本陣跡までの伝馬通りは真っすぐな道だが、その先はまたクランクの連続となる。岡崎城の北側から西側へと回り込み、松葉総門跡まで来ると、ここが岡崎宿の西口となる。ライトアップした岡崎城天守閣が美しい。

　時刻は18時を回り、日は既に落ちているし、岡崎城下二十七曲りを歩きまわって、もうクタクタである。近くにある岡崎公園前駅より18時13分発の名鉄電車に乗って帰るとしよう。東岡崎で快速特急に乗り換え、豊橋18時51分発のひかり６６０号に乗る。今日の晩酌は新幹線の中だ。これもまた至福の時と言える。


岡崎城下二十七曲りを行く。後方には天守閣

■本日の歩行記録　36・8km、7時間41分

平均時速　4・8km／h

（小休止・信号待ち除く）

■並行する鉄道駅

豊橋、船町、下地、小坂井（飯田線）、伊奈、小田渕、国府、御油、名電赤坂、名電長沢、本宿、名電山中、藤川、美合、男川、東岡崎、岡崎公園前（名古屋鉄道本線）

計15駅区間

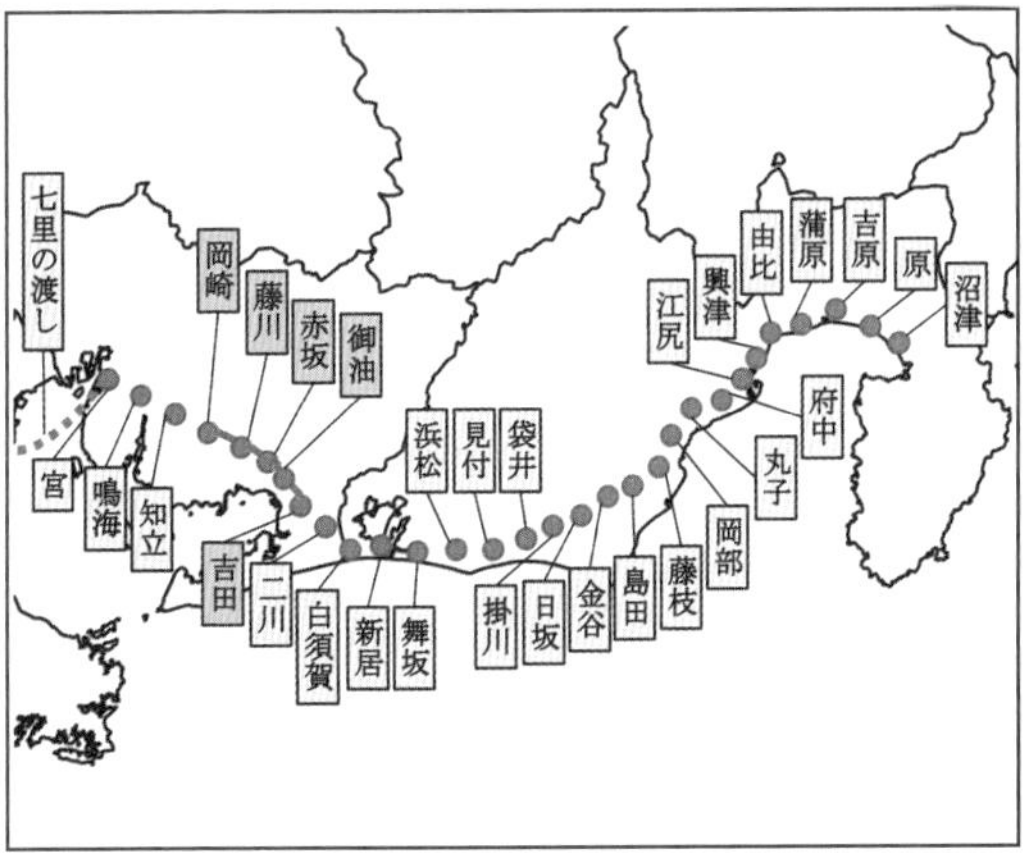

■歌川広重の画で辿る往時の東海道

歌川広重
東海道五十三次
吉田　豊川ノ橋

歌川広重
東海道五十三次
御油　旅人留女

歌川広重
東海道五十三次
赤坂　旅舎招婦ノ図

歌川広重
東海道五十三次
藤川　棒鼻ノ図

十四日目　2022年4月30日(土)

行程：38岡崎宿〜39知立宿〜40鳴海宿〜41宮宿

岡崎宿から知立宿へ

ゴールデンウィークになったので東海道五十三次の続きを歩く。泊まり掛けの日程がなかなか確保できず、またも2カ月間が開いてしまった。本来なら4月29日に出発する予定だったが、雨だったので一日延期した。歩いての旅は雨だと困る。昔の旅人は一体どうやって対処したのだろうか。

東京駅6時21分発のひかり631号で豊橋へ向かい、豊橋には7時48分着。のぞみに準じる速さであっという間に着いた。豊橋からは8時2分発の名鉄の快速特急で東岡崎へ向かう。パノラマスーパーでの運行で、新鵜沼方の先頭車モ1900の運転席後部

豊橋から乗った名鉄パノラマスーパー

に陣取ると、床下からモーターの轟音を響かせながら最高速度120㎞／hでの激走を見せてくれる。東岡崎までの沿道は前回歩いており、高速での早送り再生を楽しむ。

東岡崎で普通に乗り換えて岡崎公園前で降りる。この駅を使うのは今回が3度目である。駅を出て右手に進み、前回の終点松葉総門跡を目指す。すぐ横にコンビニがあるので、ペットボトルの水を買い込んで道中に備える。

時刻は8時30分、岡崎宿を出発する。名鉄の岡崎公園前駅に隣接する愛知環状鉄道の中岡崎駅の下をくぐると、三河名物の八丁味噌の味噌蔵がある。まるやの創業は延元二年（1337年）、南北朝時代である。八丁味噌の製造自体は江戸時代まで遡る。

矢作川の土手を登り、矢作橋を渡る。矢作橋と言えば幼年時代の秀吉（日吉）と蜂須賀小六がここで出会ったという言い伝えがあり、橋のたもとには「出合之像」が建っている。矢作橋の先の旧東海道は国道1号線の一本裏手を進み、やがて国道1号線と合流する。再び国道1号線から分岐すると尾崎の松並木と尾崎の一

岡崎宿まるやの八丁味噌蔵

里塚（江戸から八十三里）がある。矢作橋からここまで50分ほどの道程で、傍らに熊野神社のベンチがあったので休憩する。

　再び歩き始めると、明治用水の碑と明治川神社を過ぎる。この辺りは水に乏しい一帯で、明治十四年（1881年）に明治用水が引かれて開墾されたそうだ。明治川神社は立派な境内だが、往時の東海道五十三次の風景にはこの神社は存在しなかったことになる。

　旧東海道は時々松並木が現れる、歩きやすい道だ。猿渡川を渡って小さな丘に登ると来迎寺の一里塚（江戸から八十四里）に着く。南塚、北塚ともに残っていて、南塚側には案内板とベンチが置いてある。今日は天気が良くて、少し暑い。ここで長袖アンダーを脱いでサッカーウエア姿に変身する。

　この先の旧東海道は知立の松並木を抜けていく。道の傍らには水路が整備されていて、気持ちが良い。この水路も明治用水と関係があるらしい。知立の馬市之址碑を過ぎて国道1号線を斜めに横断すると知立宿に入る。

来迎寺の一里塚で一休み

知立宿から鳴海宿へ

知立宿の区画割りは宿場町特有の痕跡が残っているが、問屋場跡や本陣跡の建物はなく、標柱のみで少々寂しい。ところで「知立」は江戸の当時は「池鯉鮒」と表記していたが、これは知立神社の池にいる鯉と鮒から取ったそうである。宿場の名物が川魚料理だったかは定かでない。

知立宿を出て逢妻川を渡ると国道1号線に合流し、しばらく行くとまた分岐する。この辺りの地名は今川とか富士松とか独特である。富士松については桶狭間の戦いの折に殺害された通り掛かりの富士詣の旅人を葬ったという伝承がある。今川については駿河の今川氏と関係があるかはよく分からないという。境川を渡ると三河国から尾張国に入る。この一帯は今川義元と織田信秀・信長親子との勢力争いの前線だ。

伊勢湾岸自動車道をくぐると左手に豊明駅が見える。時刻は12時30分、お昼どきである。駅近くで国道沿いならお店があるだろ

境川を渡り尾張国へ入る

うと期待して歩いていると、回転寿司屋があった。これ幸いとばかりにお店に入り、カウンターで寿司を軽くつまむ。

豊明から先は名鉄線と国道1号線の間を進む。辺りは丘陵地で、思いの外アップダウンが多い。阿野の一里塚（江戸から八十六里）を過ぎ、前後、中京競馬場前と名鉄線沿いを進むと、桶狭間古戦場伝説地に着く。ここは公園になっており、ベンチで休憩する。実際の桶狭間古戦場はもう少し離れた場所だったという説もあるが、この一帯の丘陵地で戦いが繰り広げられたのは間違いないだろう。この辺りは以前に桶狭間の史跡巡りで歩いたことがあるので、今回寄り道はせずに東海道の旅に集中する。

大将ヶ根の信号を斜め右に入ると有松への道が続いている。有松は東海道の間の宿で、有松の絞り染めが有名である。古い街並みが今も残っており、有松山車祭りのからくり人形の山車を展示している山車会館もある。名鉄線の有松駅からすぐで交通の便も良いので、お手軽な歴史巡り観光地だ。有松の街の西の外れ、名古屋第二環状自動車道をくぐる辺りには有松の一里塚（江戸から

有松の旧東海道街並み

八十七里）が綺麗に復元されている。

有松から20分程歩くと鳴海宿に着く。宿場内の道は枡形が残っていて、区画は宿場町特有のものだと分かるが、残念ながら目ぼしい宿場町の建物は残されていない。周囲には今川方の武将岡部元信が入った鳴海城址や、織田信長が付城として築いた中島砦跡、丹下砦跡など、桶狭間の戦い関連の史跡が点在している。

鳴海宿から宮宿へ

鳴海宿を後にし、天白川を渡ってしばらく行くと笠寺の一里塚（江戸から八十八里）に出る。東塚が現存しており、整備されて公園になっていて格好の休憩場所となっている。これが一里塚本来の用途であり、嬉しくなる。坂を登り切ると笠寺観音の境内の脇を通る。創建から１３００年あまりの歴史を持つ古いお寺だそうだ。軽く拝んで通り過ぎる。

旧東海道は広い県道と名鉄線の踏切を越えて、静かな裏道を行

笠寺の一里塚で休憩

く。左右に神社やお寺が点在し、東海道の道標が建っている。こういう道は好きだ。呼続駅近くの坂を下って山崎川を渡ると平地に出る。名古屋高速をくぐると国道1号線に出るが、やたらと道幅が広い所がいかにも名古屋らしい。広い通りから脇道にそれて東海道線の踏切を渡り、新堀川の橋を渡ると宿場町の雰囲気になる。伝馬町の一里塚（江戸から八十九里）を過ぎ、熱田の追分を左折して歩道橋を渡ると運河が見えてきた。ここが宮宿の中心であり、七里の渡しの船着き場でもある。

時刻は16時20分。有名なひつまぶし店はこの一角にある。夜の部の開店時刻は16時30分で、これに合わせて道中少し急いで歩いた。16時50分お席に御案内の整理券を貰い、その間に七里の渡し跡を散策し、ついでに宮の渡し公園の水道で汗を拭って、汗だくのサッカーウエアからきれいなTシャツに着替える。折角贅沢な夕食を食べるのだから、出来る限り小ぎれいな服装にすべきだろう。何を食べたかは細かく書かない。人が旨いものを食べた話を聞かされても迷惑なだけだろう。

宮宿・七里の渡し跡に到着

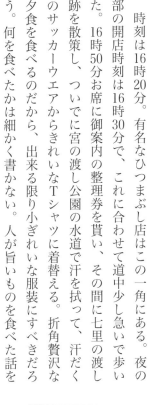

■本日の歩行記録　32・9km、6時間26分
平均時速　5・1km／h
（小休止・信号待ち除く）

■並行する鉄道駅
岡崎公園前、矢作橋、宇頭、新安城、牛田、知立、一ツ木、富士松、豊明、前後、中京競馬場前、有松、左京山、鳴海、本星崎、本笠寺、桜、呼続、堀田、神宮前（名古屋鉄道本線）
計19駅区間

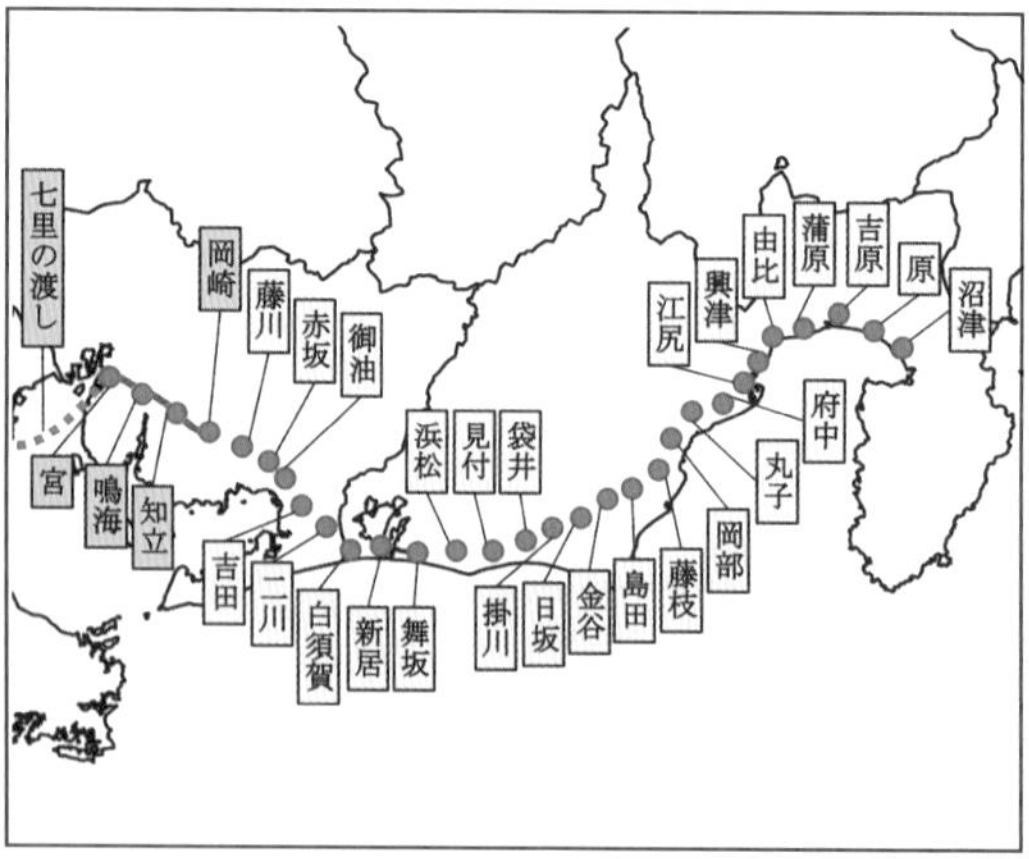

■歌川広重の画で辿る往時の東海道

歌川広重
東海道五十三次
岡崎　矢矧之橋

歌川広重
東海道五十三次
池鯉鮒　首夏馬市

歌川広重
東海道五十三次
鳴海　名物有松絞

歌川広重
東海道五十三次
宮　熱田神事

十五日目　2022年5月1日㈰

行程：42桑名宿～近鉄名古屋線霞ヶ浦駅

桑名城址と桑名宿

昨日は早めの夕食後に近鉄名古屋線で桑名に移動し、駅近くのビジネスホテルに泊まった。宮から桑名までの七里の渡しの区間は再現が出来ない。鉄道での移動となる。

今朝は朝6時過ぎに目が覚めた。ホテルの食堂で朝食を取る。目の前を関西線・近鉄名古屋線・三岐鉄道北勢線が通っていて、見ていて飽きないが、ずっと電車を見ながら朝食を食べ続けるわけにもいかないので、7時半には出発する。小雨が降っており、折り畳み傘を差して桑名城址へ向かう。城跡を一巡りして本多忠勝像を見た後、すぐ横にある七里の渡し跡を目指す。桑名宿本陣

歌川広重
東海道五十三次
桑名　七里渡口

跡・脇本陣跡は料亭・旅館になっていて、落ち着いた雰囲気の一角である。

四日市宿を目指す

時刻は8時30分、本日の東海道五十三次の道程をスタートし、今日一日かけて亀山宿まで行こうと思う。桑名は城下町なので、宿場を出るまでの道筋は曲がりくねっている。国道1号線の裏手の道に出ると、そこからは真っすぐの道となる。道の両側には家が立ち並んでいる。

途中員弁川の橋は国道へと迂回するが、また裏道に戻ると縄生の一里塚（江戸から九十七里）を過ぎて近鉄名古屋線の伊勢朝日駅の踏切を渡る。駅待合室のベンチで雨宿りしながら小休止する。

道は関西線の朝日駅の近くを通る。狭い道には古い街並みの面影が残っている。クランク状のカーブを抜けると、今度は桜並木の整備された道にでる。情緒があって歩きやすい道である。ただ

桑名城蟠龍櫓。七里の渡しの真横に位置する

し「晴れていれば」であって、現実は段々と雨脚が強くなってきている。

伊勢湾岸自動車道をくぐり朝明川を渡ると松寺の立場跡で、解説板が立っている。なおも真っすぐ進むと関西線の踏切と三岐鉄道線のガードがある。富田付近の鉄道線路は複雑で、関西線と近鉄名古屋線と三岐鉄道線がそれぞれにカーブを描きながら敷かれている。旧東海道は富田の街を右左折しながら抜けており、この後近鉄名古屋線と三岐鉄道線のガードをくぐる。ガードをくぐった所に柵に囲まれた富田の一里塚（江戸から九十八里）がある。

富田の一里塚跡

雨天中止

近鉄富田駅に立ち寄って、駅舎の中で小休止する。ずっと雨の中を歩いてきたので、ズボンは太ももまで雨水で染みている。ナップザックの中を確認して愕然とした。革財布が水を吸ってしまい、中に入っていたお札もレシートもすべて水を吸って張り付いている。これはいけない。ミニタオルを取り出し一枚ずつ水気を吸い取ってから、ガイドブックのページの間に挟んで乾かす。充電器やリチウムイオン電池が無事だったのが幸いである。

天気予報を確認すると、この後は少し小止みになると出ている。時刻は11時で、次の四日市宿まであと６㎞くらい。意を決し歩き始める。お寺が多い富田の街を抜けてクランク状に曲がると、そこから先は真っすぐの道が続く。県道の高架橋をくぐって金属工場や自動車修理工場が並ぶ一角を抜けると、また雨脚が強くなって、とうとう下着まで浸水してきた。

改めて天気予報を見ると、夕方まで雨に変わっている。この状態で四日市宿まであと1時間歩くのはさすがに辛いし、ましてや亀山宿まで行くのは無理だ。ここで本日の道程は中止し、最寄り駅を目指すことにする。

雨の中の近鉄名古屋線霞ヶ浦駅

旧東海道を「かわらづの松」まで歩き、そこで右に折れて近鉄名古屋線の霞ヶ浦駅を目指す。こんなハプニングでもないと訪れない駅だと思うが、しっかりとした待合室があり、準急と普通が1時間に3本停まるので交通の便は悪くない。

11時58分発の準急近鉄名古屋行に乗り、12時40分近鉄名古屋着。これから昼食と思うが、ゴールデンウィーク中の昼食時とあって、名古屋駅構内のお食事処はどこも行列が出来ている。結局東海道新幹線のホーム上にあるきしめん屋に入る。ここは待たされても知れているし、独りで食べるのには非常に気楽な場所である。

お土産の赤福と海老せんべいを抱えて東京に戻ると、こちらも雨であった。ゴールデンウィークは季節の変わり目にあたるので、天気が変わりやすい。

■本日の歩行記録　16・2km、3時間9分
平均時速　5・1km／h
（小休止・信号待ち除く）

■並行する鉄道駅
桑名、益生、伊勢朝日、川越富洲原、近鉄富田、霞ヶ浦（近鉄名古屋線）
計5駅区間

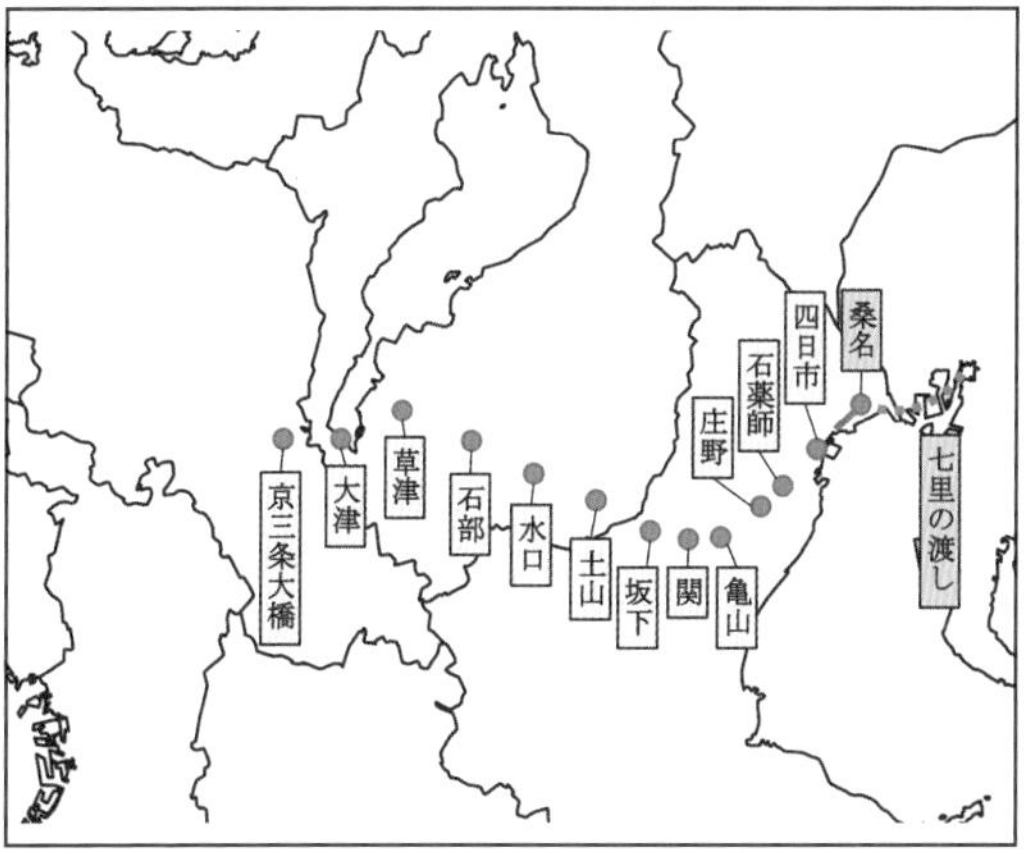

十六日目　2022年6月4日㈯

行程：近鉄名古屋線霞ヶ浦駅～43四日市宿～44石薬師宿～45庄野宿～46亀山宿～47関宿

近鉄霞ヶ浦駅から四日市宿へ

前回雨天中止を余儀なくされて以来、1カ月ぶりの東海道五十三次の旅である。何だか1カ月間ずっと三重県内で雨宿りをしていたような気分である。今回は二日間連続の日程は組めなかったので日帰りである。思えばこの旅を始めたのは昨年8月なので、一年の節目となる今年8月には京都三条大橋に辿り着きたい。休日から逆算すると、7月の海の日連休には滋賀県内

今回のスタート地点「かわらづの松」

十六日目　｜　近鉄名古屋線霞ヶ浦駅〜43四日市宿〜44石薬師宿〜45庄野宿〜46亀山宿〜47関宿

に入っていたいので、今日は鈴鹿峠の手前まで行こうと思う。

　品川6時発のぞみ79号に乗る。座席は自由席だが始発なので座れる。のぞみ特急料金は割高だが、自由席はひかりやこだまと同じ料金なので幾分安い。乗ってしまえば快適そのもので、車窓風景をぼんやり眺めながら名古屋まで1時間半の時間を過ごせる。いくら旅の過程を楽しむのが好きな私でもこれを選ぶ。

　名古屋駅に着いて、まずはきしめん屋台で腹ごしらえする。最近は名古屋駅を通るたびに新幹線ホームのきしめんを食べている気がする。近鉄名古屋駅に移動し、7時41分発の伊勢中川行急行に乗る。近鉄名古屋線の急行は転換クロスシートの5200系が充当されており、なかなか快適である。

　近鉄富田で普通に乗り換え、8時26分に霞ヶ浦駅に着いた。前回は大雨だったが、今日は快晴で初夏の日差しが眩しい。旅の印象は天気で大いに左右される。ここで、私は帽子を忘れたことに気が付いた。熱中症になるような暑さではないが、日が高い季節であり、どうしたものかと思う。

　前回の終了地点である「かわらづの松」に着いた。漢字では川原津と書く。背の高い松の木が立っているが、前回は気が付かなかったから、余程雨が強くて上を見上げる余裕がなかったのだろう。今日はしっかり目を開けて道辺を見て歩こうと思う。旧東海道はしばらく進むと国道1号線に合流するが、三ツ谷の一里塚（江戸から九十九里）で分岐する。海蔵川を渡る橋は国道側を迂回するが、四日市宿までは裏手の道を真っすぐ進む。

四日市宿から石薬師宿へ

三滝川の橋を渡ると四日市宿である。宿場の入口付近に名物「なが餅」の老舗「笹井屋」がある。創業天文十九年（1550年）で、藤堂高虎公が好んだという。四日市宿の中心部は昔の建物は残っていないが、道辺には解説板や石碑が建っている。

諏訪神社の横を抜けて、近鉄四日市駅近くのアーケードを進む。アーケードを抜けて中央通りを越え、更に真っすぐ進む。四日市はいわゆる城下町ではないので、道は真っすぐ敷かれており、クランク状の曲がり角や枡形はない。桑名や岡崎とは街の作り方がまるで違う。

近鉄名古屋線のガードをくぐると、旧東海道はあすなろう鉄道

三ツ谷の一里塚

内部線に寄り添うように敷かれている。踏切が鳴っているのを聞いて電車を見に行った。赤堀駅という小駅であった。旧東海道の狭い通りは左右に神社やお寺が点在しており、いかにも旧街道の風情がある。天白川の橋を渡る所は急な上り坂となっているが、川面と周囲の街を比べると川面の方が高いように思う。いわゆる天井川なのだろうか、天白川と言えば、昔存在した近鉄八王子線の西日野から伊勢八王子までの区間は天白川の堤防上に軌道が敷かれており、昭和四十九年の水害で復旧困難になって廃線になったそうだ。結構な暴れ川なのだろう。

途中、道路工事中で車が行き違い出来なくなっている区間があって、日永の一里塚（江戸から百里）を見逃してしまった。そのまま進んで日永の追分に出る。ここは伊勢参宮道と東海道の分かれ道で、大きな道標と常夜燈、それに伊勢神宮の鳥居が立っている。進路を右手に取り、内部線追分駅の踏切を渡って次の分岐路は左手に進路を取る。小古曽駅付近はクランク状に曲がっているが、曲がり角に願誓寺というお寺があるので、元々の参道の形

あすなろう鉄道内部線の電車

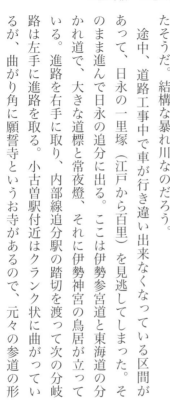

そのままに旧東海道を通したのであろう。ほどなく内部駅前に着いて、電車は居ないが駅の待合室で小休止する。

内部駅を出て内部川の橋を渡ると丘が迫ってくる。丘を登る杖衝坂には芭蕉の句碑が建っている。ここからしばらくは丘陵地帯で、国道1号・25号線を歩いて采女の一里塚（江戸から百一里）の横を過ぎる。

浪瀬川の橋を渡り、右手の坂道に入る所が石薬師宿の入口である。石薬師宿は静かな宿場で、小澤本陣跡には古い建物が建っている。また歌人佐佐木信綱の出身地ということで、生家や文庫など関係する建物が残っている。

石薬師宿から庄野宿へ

石薬師宿の先で国道1号線を陸橋で跨ぐと、石薬師寺の脇の急坂を下る。辺りには蒲桜といって、源範頼が平家追討の折、戦勝祈願した際に植えたと伝わる桜の木がある。江戸時代の宿場町に、

石薬師宿の小澤本陣

明治・大正・昭和初期の歌人佐佐木信綱と、平安時代末期の源範頼。頭の中で歴史がゴチャ混ぜになるのはこの旅で三度目だが、石薬師寺は歴史を見つめて静かに建ち続けている。

蒲川の橋を渡ると石薬師の一里塚（江戸から百二里）があり、立派な榎が立っていて木陰を提供してくれる。しばらく休憩していると、すぐ傍を関西線の電車が通り過ぎていった。ここからしばらくは鈴鹿川に沿って国道1号・25号線を歩く。加佐登駅を過ぎた所を右に折れると庄野宿の入口だ。石薬師宿と庄野宿の間は近く、一里も離れていない。

庄野宿では旧小林家住宅が庄野宿資料館となっており、往時の宿場や東海道の様子を伝える資料が残っている。それにしても石薬師宿と庄野宿がこれほど接近しているのは不思議だ。どちらも伊勢参りの旅人が通らないので宿場としては振るわず、人足や伝馬は少なかったそうだし、東海道五十三次は隣の宿場までしか物を運ばない仕組みだったので、これだけ近いと荷物の積み替えだけでも大変である。

石薬師の一里塚

庄野宿から亀山宿へ

庄野宿を出て国道1号線・25号線と交差する所にコンビニがあった。時刻は13時15分、ここで遅めの昼飯とする。店内にイートインはなかったので店の外でおにぎりを頬張る。太陽はほぼ真上、日差しは強いし帽子がない。看板下に幅50㎝程の僅かな日陰を見つけて、ここで涼みながら少し休む。

庄野宿からは田舎道を進み、中富田の一里塚（江戸から百三里）を経て安楽川を渡る。橋の下はグラウンドになっていて、若者二人がソフトボールのフライノック練習をしていた。打つ方も捕る方もなかなか上手いので、感心して見物しながら橋を渡る。

安楽川の土手を下りると、観音堂やお寺が点在する田舎道が続く。関西線の踏切を渡ると井田川駅で、駅の待合室は風通しが良くて涼しい。ここで休憩、給水する。旧街道を歩いていると殆どお店がないので、駅の自動販売機は貴重である。

井田川駅から先も旧道を進む。進路はほぼ真西を向いているの

庄野宿資料館（旧小林家住宅）

で日陰がない。この時ほど帽子を忘れたのを後悔した時はない。建物の塀や、電柱・電線の僅かな日陰を探しながら歩く。和田の一里塚（江戸から百四里）を経て、緩やかな坂道を登って行く。亀山宿は河岸段丘の上に位置している。

小一時間の道程で亀山宿の江戸口門跡に着いた。亀山は城下町なので道は曲がりくねっている。亀山宿の中心部はアーケードの商店街になっており、日差しが遮られるのは良いが、本陣跡、脇本陣跡ともに商店街の中に埋もれてしまい、看板が立っているだけである。

大手門跡を左折すると、古い建物が並んでいる狭い道になり、旧宿場町の雰囲気を残している。高札場跡、枡形を経て、西町問屋場跡のベンチで少し休憩した。ここも西日が照り付けて暑いので、あまり長時間は居られない。この後も右左折を繰り返し、亀山城西の丸外堀の遺構の脇を通り、坂を下ると京口門跡に至る。亀山宿の西出口である。

亀山宿樋口本陣跡

亀山宿から関宿へ

再び田舎道を行く。西日は相変わらず暑い。野村の一里塚（江戸から百五里）を過ぎると森が見えてくる。布氣皇舘太神社という古い神社で、境内を通ると極めて涼しくて生き返る。

この先は段丘を下りて、関西線の踏切を越えると鈴鹿川沿いを進む。大岡寺畷と言って、往時は松並木だったそうだが、いまは桜並木となっている。西日は相変わらずきついが、川風が涼しい し時折木陰もある。名阪国道の高架をくぐってなおも真っすぐ進むと、再び関西線の踏切を越えて、小野川の橋を渡る。ここまで来ると関宿は近い。

国道1号線沿いに関宿の大看板が見えたら、そこを右折して坂を登る。関の一里塚（江戸から百六里）と東追分が同じ所にあり、伊勢神宮の鳥居が立っている。京都方面からの伊勢参りはここから伊勢別街道に入って松阪の方に抜けるそうだ。石薬師宿、庄野宿、亀山宿は静かだったが、関宿は伊勢参りと東海道の旅人が両

関の一里塚と東追分・伊勢神宮の鳥居

方とも通るので大いに賑わっていたそうだ。

東追分から先は古い街並みが延々と続いている。中心部の百六里庭まで来たところで今日の道程は終わりにする。時刻は16時45分、関宿は次回ゆっくり見ようと思う。

関駅17時3分発の亀山行に乗り、亀山から紀勢線のディーゼルカーで津に出る。折角三重県まで来たので、今日の夕飯は焼肉・ホルモンを食べてみたい。松阪まで行くとさすがに帰りが大変なので、津市内でお店を探し、夕暮れの津城跡を散策してから帰ることにする。

津から名古屋までは近鉄名古屋線の急行で一時間ちょっとである。名古屋駅のお土産売り場では「なが餅」を買いこんだ。餡が入った素朴な餅であった。

西日に輝く関宿の街並み

■本日の歩行記録　35・0km、6時間53分
平均時速　5・1km／h
（小休止・信号待ち除く）

■並行する鉄道駅
霞ヶ浦、阿倉川、川原町、近鉄四日市（近鉄名古屋線）、
あすなろう四日市、赤堀、日永、南日永、泊、追分、小古曽、内部（あすなろう鉄道内部線）、
河原田、河曲、加佐登、井田川、亀山、関（関西本線）
計15駅区間

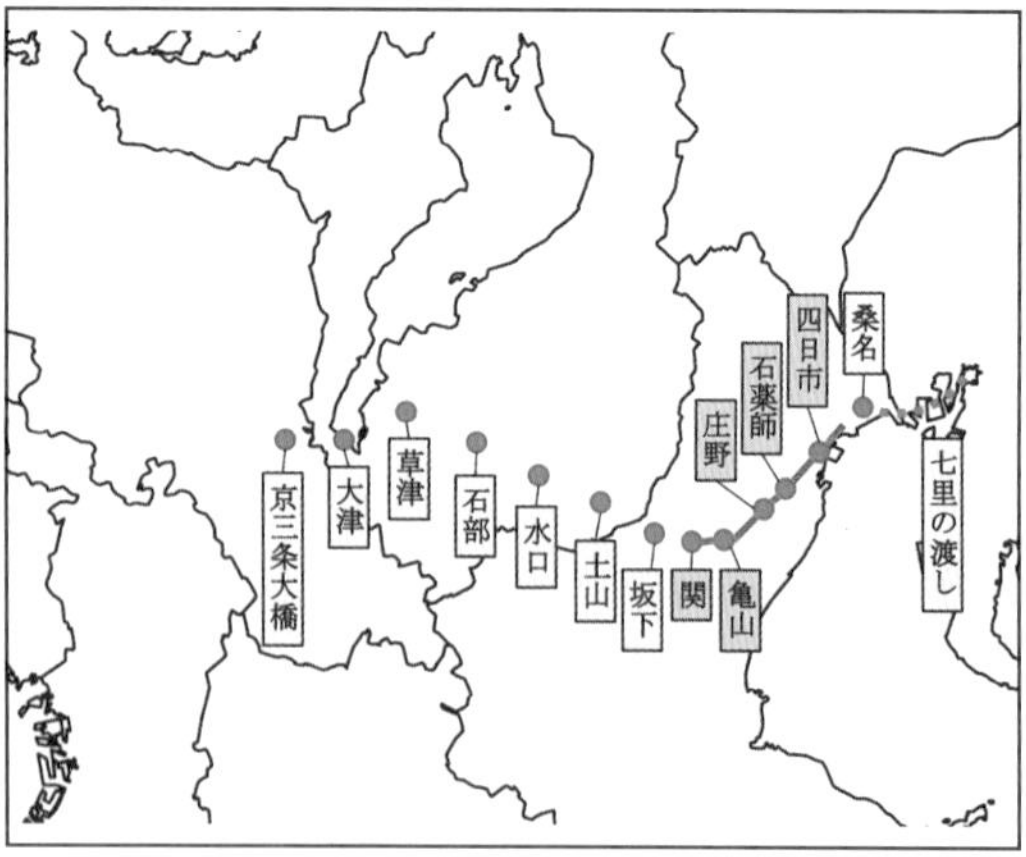

■歌川広重の画で辿る往時の東海道

歌川広重
東海道五十三次
四日市　三重川

歌川広重
東海道五十三次
石薬師　石薬師寺

歌川広重
東海道五十三次
庄野　白雨

歌川広重
東海道五十三次
亀山　雪晴

十七日目　2022年7月17日(日)

行程：47関宿～48坂下宿～49土山宿～50水口宿

関宿から坂下宿へ

今回はいよいよ鈴鹿峠越えである。今日は海の日三連休の中日だが、土曜日は雨なので出発を見送った。基本的に日帰りの行程を組んだが、泊まり掛けになっても良いように着替えと洗面用具は持って出た。

今日も品川6時発のぞみ79号の自由席に乗り名古屋まで行く。きしめんは食べずに関西線のホームへ急ぎ、7時36分発の亀山行に乗る。この電車は次の八田で9分停車して、対向列車との行き違い待ちと、後続の快速みえの通過待ちをする。どうにものんびりした電車だが、関西線は一部単線区間が残っているので仕方が

関西線関駅とキハ120

ない。八田駅はすぐ横を近鉄名古屋線が通っており、近鉄電車も次々とそばを通過してゆく。

亀山までの経路は旧東海道と近い。桑名、朝日、富田は前々回雨の中歩いたあたりだ。河曲の先で前回通った石薬師の一里塚を眺め、加佐登を過ぎると左の車窓遠くに庄野宿が望める。安楽川を渡り、駅待合室で休憩した井田川を経て、終点亀山に着く。亀山駅は鈴鹿川沿いの河岸段丘の下にあり、駅に着く手前で段丘上の亀山宿の辺りを下から見上げてみる。

亀山から先は非電化区間で、JR西日本のキハ120に乗り換える。車内はロングシートで景色は見づらいが、首を曲げて鈴鹿川沿いの大岡寺畷の道を眺める。関駅には9時15分に着いた。無人駅だが、駅舎の中に売店と観光案内所がある。ここで関宿の銘菓「志ら玉」を買って、軽いおやつとする。

関駅から関宿へ坂を登って行き、宿場の通りに入ると古い街並みが広がっており、まるでタイムスリップしたかのようだ。ちょうど関宿祇園夏まつりの期間に当たっており、「関まちなみ資料

宿場情緒溢れる関宿中心部

館」も「旧旅籠玉屋歴史資料館」も今日は入場無料である。玉屋はかなり上等な旅籠屋だったようで、特に奥の離れは格式が高い部屋の造りになっている。一方、二階部分はややエコノミーな部屋の造りだ。また炊事場が結構広いスペースを取っているのが特徴で、現代風に言えば高級ホテルのキッチンに相当するのだろう。

玉屋を後にして関宿の西の追分へと向かう。何かを忘れているような気がしたが、後日確認したら写真を撮るのを忘れていた。瞼には情景が焼き付いているから良いこととする。街並みが尽き、坂を下りると西の追分で、鈴鹿峠に向かう東海道と、加太越えの大和街道の分岐点である。右手の鈴鹿峠に向けて進路を取り、鈴鹿川に沿って国道1号線を進む。

藤の茶屋跡を経て、一ノ瀬の一里塚（江戸から百七里）に至る。この先の道は国道から分かれて田舎道になり、山裾をゆるゆる登って行く。天文台や鈴鹿馬子唄会館、旧坂下尋常高等小学校の横を過ぎ、やや広い直線の上り坂に入るとそこが坂下宿である。辺りは非常に静かで、本陣跡や脇本陣跡の石碑はあるが、特に建

静かな坂下宿中心部

物は残っていない。人も殆どいない。

坂下宿から鈴鹿峠を越えて土山宿へ

そのまま登り続けると国道1号線の上り線沿いに出る。鈴鹿峠越えの国道1号線は上り線と下り線が分かれて敷かれていて、おそらく上り線が旧道、下り線が新道だろう。後ろから自転車に乗ったお姉さんがやってきた。名古屋から福岡まで自転車で目指しているそうだ。「お互いに頑張りましょうね」と声を掛けてくれた。道は土の道となり、片山神社の鳥居の前に出る。向こうからやってきたハイキングの人が「道が悪いので気を付けて下さいね」と言いながら通り過ぎる。

片山神社の鳥居から先は本格的な山道となり、先ほどの自転車のお姉さんを追い抜く。こちらは徒歩だから身軽だが、サイクリング車を担いでの山登りはなかなか大変そうだ。片山神社から鈴鹿峠までの比高は100mくらいだろうか、一気に登り切って鈴鹿峠

鈴鹿峠の案内板

の石碑に着いた。ここから先は近江国に入る。峠の上は風が爽やかで、まるで別世界である。

万人講常夜燈の横を過ぎ、国道1号線に合流して下り坂となる。先ほどのお姉さんがグーサインを出しながら軽快に下っていった。ここから土山宿までの約6㎞は、ほぼ国道1号線を下っていく。途中、鈴鹿馬子唄碑の所にベンチがあったので休憩し、新名神高速道路をくぐった所の山中の一里塚（江戸から百九里）で足を止める。

猪鼻村付近は、旧東海道は国道より一段下がった川沿いに敷かれていたので、坂を上り下りして旧東海道だった道をトレースして行く。猪鼻村には旅籠中屋跡の石碑があり、ここで明治天皇が休憩して昼食を取ったそうだ。

土山宿の手前で道は田村神社の方に迂回する。田村川に架かる海道橋を渡ると田村神社の境内に入っていく。右手奥にある神社に一礼して、左に折れて土山宿を目指す。国道1号線に架かる歩道橋を渡って「道の駅あいの土山」に入る。時刻は13時でお昼ど

猪鼻村の街並み

きだ。先ほどの自転車のお姉さんがちょうど出発する所だった。

土山宿から水口宿へ

道の駅でうどんとミニ丼の昼食を取り、土山宿を歩く。道の駅の真裏に土山宿の碑があり、ここが宿場の江戸口である。土山宿は昔の街並みがよく残っている。土山の一里塚（江戸から百十里）は宿場内にあるのが珍しい。

旅籠跡の標石がならぶ道を進むと、右手に「東海道伝馬館」という資料館があり、中を見学する。土山宿の立体模型や、東海道五十三次に関する展示が充実していて、なかなか見応えがある。

土山宿の本陣の一つは「土山本陣」といって、この地を代々治めていた甲賀武士の土山家が江戸時代には本陣の役を務めたそうだ。今でも土山家の子孫の方が住んでいるということで、現役の住居である。ご高齢とのことで、残念ながら中の見学は出来ないが、外から見るだけでも風格がある。

土山宿の土山本陣跡

大黒屋本陣跡、問屋場跡、高札場跡は一塊になって公園になっていた。もう少し歩くと土山宿京口で、ここにも土山宿の碑がある。江戸口から京口までたっぷり２㎞はあり、宿場の規模の大きさを実感する。

この先東海道は野洲川（松尾川）を徒歩渡しで渡っていたそうだが、現在そこには橋がなく、少し離れた地点に国道1号線の白川橋が架かっている。旧東海道の方も興味があるが、先ほどから雷とともににわか雨が降ってきている。突然雨脚が強くなり、滝のような雨になってきた。すぐ先にバス停と待合室があったので、走って待合室に飛び込んで雨宿りする。幸いナップザックの中は濡れていなかった。

待合室のベンチに座り、このまま雨をやり過ごすか、最悪雨が止まない場合はバスで脱出出来るか作戦を練る。ここは白川橋というバス停で、貴生川駅行の甲賀市コミュニティーバスが1時間毎にやって来るみたいだ。いざという場合の打開策は出来たので、とりあえず次のバスが来るま

白川橋バス停で雨宿り

では雨が上がるのを待つ。

幸い30分程で小止みになり、２００m程先にコンビニがあることも分かったので、レインコートを買って先に進む。大き目のビニール袋を持っていたので、ナップザックはビニール袋に入れて浸水防止対策とする。

道は国道1号線から分かれて、神社やお寺が点在する田舎道となった。集落に入るとそこは大野村という規模の大きな間の宿で、旅籠が並んでいたそうだ。家の前に旅籠跡の標石が並んでいて壮観である。国道1号線を斜めに横切ってしばらく進むと今宿村に入る。国道との分岐に大きな山灯篭が建っている。

国道1号線を再び斜めに横切り、今度は野洲川沿いを進む。今在家の一里塚（江戸から百十二里）を過ぎると、ここから先は家が立ち並ぶ道を行く。県道沿いのバス停のベンチで5分程小休止して、歩行を再開する。

小さな丘を緩やかに登り、すべり坂という少し急な坂を下りて山川の流れを渡り、水口宿東見付跡に着く。道端に小さな冠木門

水口石橋より宿場中心を見る。道が三筋に分かれている

がある。ここからは宿場町らしい細い通りになり、元町の信号を渡ると脇本陣跡・本陣跡に至る。

この先1㎞程は道が三筋に分かれている。真ん中が宿場の一番メインの通りのようだ。高札場跡や老舗の和菓子屋、からくり時計を見ながら宿場町を進む。三筋の道が再び合流し、近江鉄道の水口石橋駅の踏切を渡る。踏切を渡った右手に曳山蔵があり、その先には「甲賀市ひと・まち街道交流館」という観光案内施設がある。今日は既に17時過ぎで閉まっている。

水口城の天王口跡を右折する。ここから先は城下町となるようだ。道は右へ左へと折れ曲がり、道端に水口石が置いてある一角に着く。今日の道程はこれで終わりとし、水口城址の横を抜けて水口城南駅を目指す。水口城は堀に水をたたえ、小さいがなかなか美しい。次回は時間を掛けて見てみたいと思う。

水口城南駅は市民ホールや法務局そばの官庁街にある小さな駅で、私以外の乗客は部活帰りの高校生ばかりだった。ここから近江鉄道線に乗る。やってきたのは８００系の2両編成で、元は西

水口宿小坂町の曲がり角。丸い石が水口石

武401系だ。車内は昔の西武線の雰囲気が残っていて懐かしい。冷房が非常に効いていて、長く乗ると少々寒い。

途中の日野、八日市で行き違い待ちの長時間停車をする。この辺りで下車して、今夜は泊まって明日は滋賀県内を観光しようかとも思うが、ちょっと疲れていたので今日は家に帰り、明日は家でたっぷり休むことにする。

彦根で米原行に乗り換えて、米原19時59分発のひかり664号に乗る。この時間帯は駅弁屋も出ていないので、駅構内のコンビニでおにぎり、つまみとビール、缶チューハイをたっぷり買い込んだ。品川駅まで2時間12分掛かる。連休中日の夜のひかり号なので車内は空いている。なぜか新横浜から大量の女性客が乗って来る。ライブか何かあったのだろうか、新横浜と品川・東京の間だけ新幹線に乗るとは、なかなか通な新幹線の使い方をするものである。

■本日の歩行記録　30・7km、6時間18分
平均時速　4・9km／h
（小休止・信号待ち除く）

■並行する鉄道駅
なし

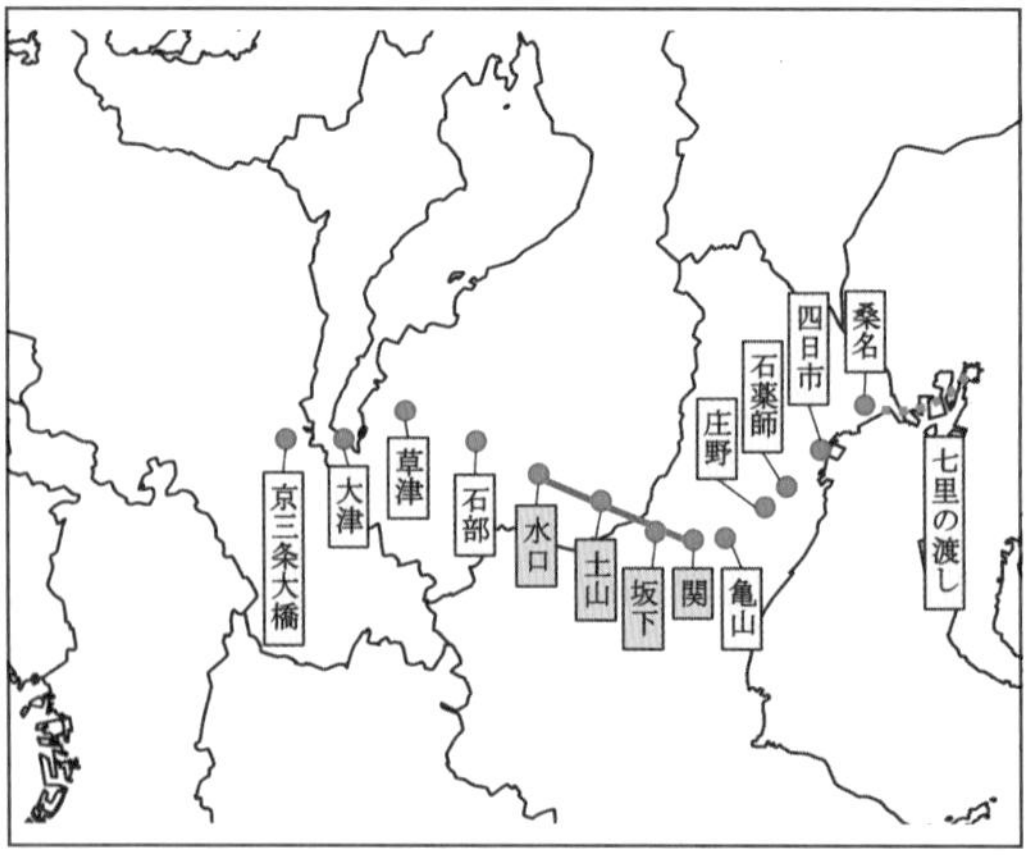

■歌川広重の画で辿る往時の東海道

歌川広重　東海道五十三次
関　本陣早立

歌川広重　東海道五十三次
阪之下　筆捨嶺

歌川広重　東海道五十三次
土山　春之雨

十八日目　2022年8月1日(月)

行程：50水口宿〜51石部宿〜52草津宿

水口宿と水口城址

今回は仕事は休みを取って、平日に出掛けることにした。子供も学校が夏休みに入り家でのんびりとしているので、許しを得てこの二日間で京都三条大橋を目指す。

特に目覚ましは掛けなかったが、４時30分過ぎにぱっと目が覚めた。今日も品川６時発のぞみ79号で出発し、名古屋でひかり５３５号に乗り換えて米原まで行く。米原８時７分発の快速網干行に慌ただしく乗り継いで近江八幡へ向かう。この時間帯の乗客は大学生が主だが、夏休み中なので乗客数は少ない。

近江鉄道で八日市に出る。今回も元西武４０１系だ。線路の整

近江鉄道で水口へ向かう。
写真は１０１系
(元西武新１０１系)

備状態のせいだろうか、車端部に乗ったら結構上下動が激しい。

また、この車両のコンプレッサーは古いものを再利用しているので、床下からドコドコという懐かしい音が響いてくる。

八日市で貴生川行を30分程待つ。既に気温は30℃を超えているだろうか、ベンチでじっと座っているだけでも汗が出てくる。やってきたのは元西武新１０１系で、車内はリフォームされていて綺麗だ。この時間帯の電車は自転車を積んでも良いらしく、計二台が積み込まれる。水口石橋駅には10時９分に着いた。

水口は見所が多い街だ。今回は水口神社、歴史民俗資料館と水口城資料館に立ち寄る。今回資料館の展示を見て勉強になったのは以下の点である。

■三筋に分かれた宿場町は、豊臣政権時代の水口岡山城の城下町だった。
当時の城主は中村一氏、増田長盛、長束正家が務めた。
■水口城は三代将軍徳川家光公が上洛する折の宿舎として築

水口城の堀と復元矢倉。中は水口城資料館

城された。

■その後、加藤家（加藤嘉明の孫）が入って水口藩が成立した。

その際に石橋（現在の水口石橋駅がある辺り）を境に、西側の水口城周りの町割りを改造し、東海道はクランク状に折れ曲がるように付け替えられた。

東側の三筋の通りは宿場と商業の街、西側の城の周りは官庁街という構成だ。こういう詳しい歴史は地元の資料館に行かないとなかなか分からない。

水口宿から石部宿へ

時刻は11時半近い。そろそろ東海道五十三次の旅の続きに出よう。水口城址を出て、クランク状の道を行く。五十鈴神社の境内脇に立っている林口の一里塚（江戸から百十三里）を過ぎ、水口

東海道の古い街並み。造り酒屋の蔵元がある

宿西見付跡を過ぎると道はまっすぐになる。宿場を出てもしばらくは古い街並みが続き、造り酒屋などがある。立ち寄ってみたいが、酒瓶は重いので今回の旅では無理だ。

街並みが途切れて田園風景になる。北脇縄手というらしい。道端には小さな社が点在し、公民館の前には半鐘櫓のモニュメントがある。道のすぐ脇を水路が流れており、名残り松も残っていて美しく整備された道を行く。泉川を渡り、泉の一里塚（江戸から百十四里）を過ぎる。この辺りは綺麗な水が湧き出るので泉村と言ったらしい。美しい所である。

道は野洲川の河原にぶつかる。横田の渡しの跡で、非常に大きな常夜燈が建っている。現在は冠木門を備えた小さな公園になっており、あづまやで休憩できる。この横田の渡しの場所には明治期に立派な橋が架けられていたそうだが、昭和になって下流側に移設された。現在の横田橋付近は国道1号線バイパスと旧道の立体交差があり、歩行者は歩道橋を登らされる。現代の国道は万事が自動車優先なのだ。

横田の渡し跡と冠木門・常夜燈

横田橋を渡り、旧道のガードをくぐると三雲駅前に出る。時刻は12時30分、国道沿いの温度計表示は37℃だった。非常に暑いので自動販売機で水と麦茶を仕入れ、とにかく喉の渇きを少しでも感じたら水分を取ることにする。

三雲から先の旧東海道は、草津線の線路から数百メートル山側に並行して敷かれている。交通量は多くないし、アップダウンは少ないので歩きやすい。旧街道沿いは街並みが途切れることなく続く。いかに昔から旧街道沿いが栄えていたか、その面影が今でも残っている。ちなみに野洲川の対岸の国道バイパス沿いは、時々ショッピングセンターはあるものの基本的に田園風景だ。

大沙川、由良谷川の下をトンネルで抜ける。つまり両河川は天井川である。滋賀県は天井川が多いことで知られるが、古くから人が住んで森林伐採が進み、水害から街や土地を守るために堤防工事と土砂堆積を繰り返すことで天井川が形成される。ここは畿内、一千年以上も人が住んで開発を続けてきた文化の証しである。なお、トンネルは明治十年代の建造だそうで、江戸時代は高い土

由良谷川の下をトンネルでくぐる

手を登って川を越えていたそうだ。

街並みは途切れることなく続き、時々寺院や造り酒屋がある、そんな通りをひたすら進んで石部宿東見付跡に至る。ここから石部宿で、街並みが更に密になる。石部中央の交差点付近が高札場跡、その先に問屋場跡や本陣跡があるが建物は現存しない。明治天皇聖蹟の石碑がある他は解説板のみである。辻を曲がる所に田楽茶屋というお食事処があるが、月曜日は定休日である。街道から外れた丘の上に「東海道石部宿歴史民俗資料館」と「石部宿場の里」があるそうだが、こちらも月曜日は定休日とは全くついていない。

石部宿の西見付を過ぎて少し行くと「西縄手」という松の木を植えた広場が整備されている。ここは「見改場跡」と言って、大名行列が衣装を改めて整列する場だったそうだ。松並木は整列する際の待機場所に日陰をもたらす役割だろう。

石部宿の街並み

石部宿から草津宿へ

石部宿の先の道は下道と上道の二手に分かれている。銅を採掘する「金山《かなやま》」というのがあり、下道は山下の野洲川沿いを行くが、洪水被害にあったため金山を迂回する上道が開削された。この金山は江戸後期には石灰採掘で「灰山」と呼ばれたそうだ。暑いし遠回りとなる山登りはしたくないので下道を進んだが、現代に於いてはコンクリート工場からの砂埃が舞うだけの、何もない殺風景な道である。下道・上道を示す看板すらない。

名神高速道路の下をくぐると草津線沿いの田園風景になる。近江富士と呼ばれる三上山を望める場所として有名だったらしい。ちょうど電車がやってきたので何気なく写真を撮ったら三上山がバックにきれいに写っていた。偶然のなせる業である。

田園風景は長く続かず、伊勢落、林、六地蔵と小さな集落が続く。伊勢落は「伊勢大路」が訛ったそうで、確かにこの辺りの旧東海道は古の京都から伊勢参宮の道だったので、この周辺の歴史

三上山（近江富士）と草津線の電車（113系）

を紐解くと「東海道」という名前が付いたのは江戸時代の新しい出来事ということになる。

六地蔵の集落の中は道が湾曲しており、カーブの外側に立派な商家が建っている。「旧和中散本舗大角家住宅」と言って、腹痛に効く道中薬の製造販売元だったそうだ。ここは石部宿と草津宿の間の立場として、小休みの本陣機能もあったそうだ。

六地蔵の一里塚（江戸から百十七里）を過ぎ、街並みをさらに進むと手原に至る。この辺りの古い商家は「東海道手原村　塩屋藤五郎」といったふうな看板を下げている。歴史景観を大事にする街づくりの取り組みとのことで、素晴らしいことである。

街並みが途切れ、溜池の脇を行く。水面が高いのだろうか、結構高い土手である。ここは鈎《まがり》という村で、足利九代将軍義尚が六角氏討伐で近江に出陣した際に陣を敷き、僅か25歳で病没した場所だそうだ。鈎の陣所の跡には石碑が建っている。

そのまま進み、土手を登って葉山川を渡る。これも天井川だったのだろうか、河川改修の開削工事の真っただ中である。川辺、

六地蔵の旧和中散本舗大角家住宅

目川と街並みは途切れないが、この辺りの道は抜け道になっているのか交通量が多く、道が狭いのにスピードが速いので危なっかしい。軽自動車は避けてくれるから良いが、質の悪いのはワンボックスタイプの車で、大きな車体で以て我が物顔で幅寄せをしてくる。

東海道と中郡街道の分かれ道の道標を過ぎ、目川の一里塚（江戸から百十八里）を過ぎると、「目川田楽　京いせや跡」の石碑が建っている。この辺りは田楽と菜飯を提供する茶屋が立ち並び、街道の名物だったそうだ。

道は旧草津川の土手を登り、ここから草津宿までは土手沿いを進む。これも有名な天井川で、２００２年に放水路が完成して廃川となった。周囲を見下ろしながら土手沿いを進み、国道1号線を越える手前からは草津川跡地公園として整備中の一角を進む。真新しい歩道橋を渡り、地蔵尊の脇を抜けると急角度で土手から下りて草津宿に入る。

土手下の道は風が通らないので暑い。そのまま真っすぐ進み、

目川田楽　京いせや跡

中山道追分に着いた。中山道は草津川の下をトンネルで抜けているが、往時は上を渡っていたことは言うまでもない。中山道追分のすぐ左手には田中七左衛門本陣跡、いわゆる草津宿本陣が建っている。本日は定休日なので、明日の朝見学に訪れる予定だ。

今日の道程はこれにて終わりとし、今晩は草津に泊まる。ビジネスホテルを予約してあり、国道沿いまで戻ることにはなるが、大浴場付きなのが嬉しい。早く汗を流して、冷たいビールを飲みに行きたい。今日は昼食を取り損ねていたので、夕飯は18時と早目に行くことにし、ホテル近くの国道沿いの回転寿司屋で鱧を肴に一杯やる。

草津宿の中山道追分。右が東海道、左のトンネルが中山道

■本日の歩行記録　25・0km、4時間59分
平均時速　5・0km／h
（小休止・信号待ち除く）

■並行する鉄道駅
貴生川、三雲、甲西、石部、手原、草津（草津線）
計5駅区間

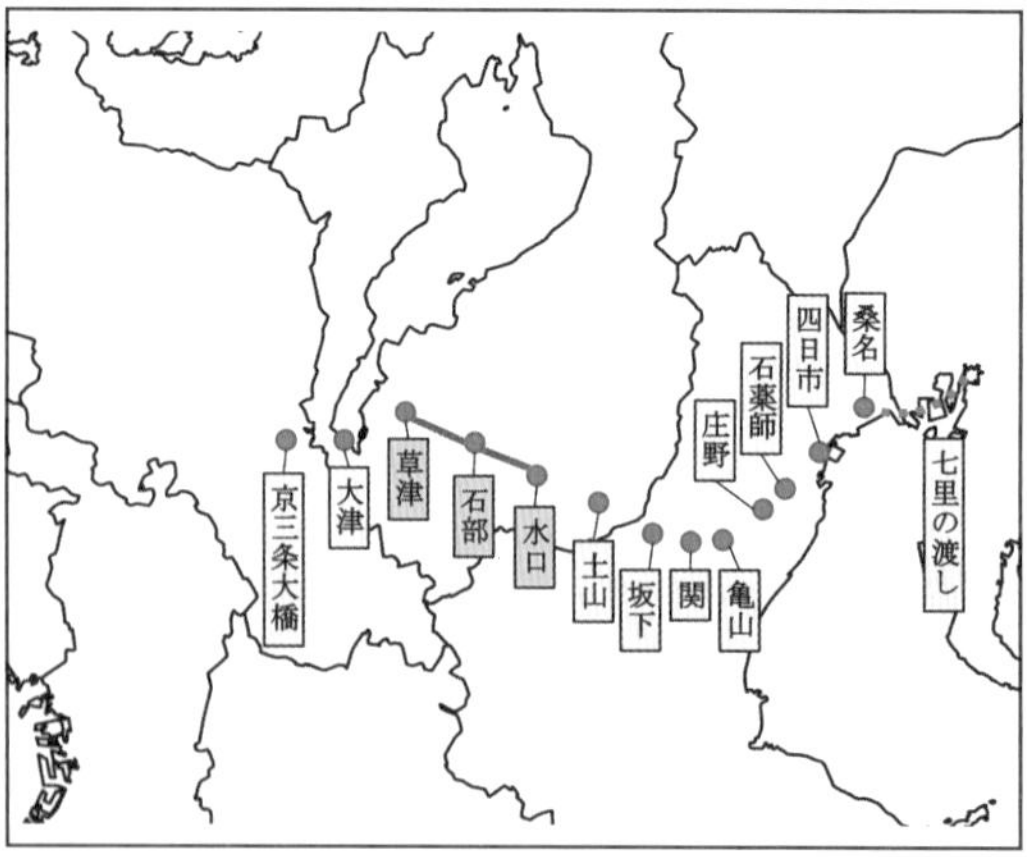

■歌川広重の画で辿る往時の東海道

歌川広重　東海道五十三次
水口　名物干瓢

歌川広重　東海道五十三次
石部　目川ノ里

歌川広重　東海道五十三次
草津　名物立場

十九日目　2022年8月2日㈫

行程：52草津宿〜53大津宿〜京都三条大橋

草津宿

今日は草津宿本陣を見学してから京都を目指す。日中、特に午後は暑いので、朝早くに出てしまう方が楽なのだが、東海道で唯一当時の建物が残る草津宿本陣は是非とも見学したい。そうなると14時から15時の午後の一番暑い時間帯に逢坂の関を越えることになる。今日の京都の予想最高気温は38℃、熱中症の厳重警戒が出ている中、覚悟を決めてホテルを出発する。草津宿本陣まで10分程だが、それだけの距離でも汗が出てくる。

草津宿本陣の中は涼しかった。襖はほぼすべて開いており、冷房はなくてもそよ風が吹き抜ける。草津宿本陣の大福帳には歴代

草津宿
田中七左衛門本陣

の宿泊者の名前があり、浅野内匠頭や吉良上野介など、江戸時代を彩る錚々たる顔ぶれだ。その中に土方歳三、斎藤一、伊東甲子太郎、藤堂平助という御一行も居る。江戸に新撰組の隊員募集に行った帰りに宿泊したそうだ。大名家の貸し切り予約が入っていなければ、平の武士（と言っても会津藩の身分保証付きで、しかも公用出張帰りではあるが）でも本陣に泊まることが出来たのだ。

続いて草津宿街道交流館を訪れる。こちらには草津宿の街並み模型や紹介ビデオなどの展示があり、これも面白いので全部見るとそれなりに時間が掛かる。気が付くと時刻は10時20分、外はかなり暑い。

草津宿から大津宿へ

草津宿を出て草津川の橋を渡る。橋のたもとはかつての草津宿京口にあたる。宿場町を出ても左右の家並みはずっと続いており、酒蔵や名物姥ヶ餅の茶屋跡など歴史がある店が多い。

草津宿の街並み
造り酒屋の蔵元

国道1号線を斜めに渡ると野路の一里塚（江戸から百十九里）。上北池公園という小さな公園として整備されている。そこから10分程行くと「野路萩の玉川」という泉が湧いていて、ここも小さな公園が整備されている。

この辺りは溜池が多い。弁天池、月輪池などで、どちらも植物が生い茂って青々としている。月輪池の横には立場跡の碑が建っており、この池に沈む月が美しかったという。月輪池を過ぎて坂を登ると月輪の一里塚（江戸から百二十里）。琵琶湖線の瀬田駅からほど近い場所だ。

この先の道は左に折れて、一旦山側に迂回するルートで瀬田の唐橋に向かう。神領交差点から建部大社の参道に合流すると、瀬田の唐橋が見えてくる。この辺りは古くから開けており、室町時代に創業した店などもある。

いよいよ瀬田川に架かる瀬田の唐橋を渡る。「瀬田橋を制するものは天下を制する」と言われ、橋のたもとの解説板には、大友皇子と大海人皇子、藤原仲麻呂と孝謙上皇、木曽義仲と源範頼・

月輪池の立場跡

義経、後鳥羽上皇、明智光秀、といった日本の歴史の重要人物がずらりと並ぶ。この内、橋を燃やしたのは孝謙上皇と明智光秀だ。

瀬田の唐橋を渡ると、琵琶湖に向けて進路を取る。京阪石山坂本線の唐橋前駅の踏切を渡り、右折してしばらく行くと京阪石山駅の手前でもう一度踏切を渡り、ローム滋賀工場脇の道を粟津の名残り松を見ながら進む。御殿浜を左折して踏切を渡り、若宮八幡の横を過ぎて右折すると瓦ヶ浜駅の踏切を渡る、という具合である。道の右左折と線路の右左折が微妙にずれているので、このような格好になる。この辺りは膳所城の城下町なので、道の湾曲はその関係もあるのだろう。御殿浜から先は道の両側に家が立ち並び、神社仏閣も多い。

膳所本町まで行ったところで旧東海道から一旦それて膳所城址に行く。琵琶湖に面した城で、築城は1601年、関ヶ原合戦を制した徳川家康が築城の名手藤堂高虎に命じて築いたという。往時は膳所の浮城と呼ばれており、本丸跡は現在公園となっている。湖畔の木陰のベンチに座って休憩する。

瀬田の唐橋

旧東海道に戻り、膳所城下の道を何度か曲がりながら進み、北総門跡を過ぎると道はまっすぐになる。木曽義仲と松尾芭蕉の墓がある義仲寺の横を過ぎ、石場駅の踏切を渡るあたりが大津宿の江戸口らしいが、ずっと家並みが続いているのでどこからが大津宿かは判然としない。明治24年に当時のロシア皇太子ニコライが津田巡査に斬り付けられた「大津事件」の碑を過ぎると、古い商店が立ち並ぶ一角に出る。この辺りが大津宿の中心部になる。

目の前の路上を電車が通って行った。ここが札の辻跡で、道は左に曲がり、逢坂山に続く緩い坂となる。道の真ん中には京阪京津線の併用軌道が敷かれ、4両編成の電車が坂を登って行く。5分程歩いて行くとそこが大坂屋本陣跡で、明治天皇聖跡碑と解説板がある。

大津宿から逢坂山を越えて京都三条大橋へ

大坂屋本陣跡を出てＪＲ琵琶湖線の跨線橋を越えると、逢坂山

膳所城址公園から琵琶湖を望む

への本格的な登りが始まる。右手には関蟬丸神社下社。小倉百人一首の「これやこの　行くも帰るも　別れては　知るも知らぬも逢坂の関」で知られる蟬丸が祀られている。

道は京阪京津線の踏切を斜めに渡り、その先で国道1号線と合流、ここからは交通量がぐっと増える。国道の左側にある歩道をカーブしながら登って行くが、遮るものはなく、西日が容赦なく照らしてくる。20分程で坂を登り切ると逢坂山関跡に着く。国道1号線を横断歩道で渡ると、石碑と常夜燈、それに屋根付きの休憩スペースがある。この日陰はとてもありがたい。逢坂の関の解説板を読みながら休憩する。

この辺りは大谷立場といい、かつては走井餅の茶屋が有名だったそうだ。現在では老舗の鰻料理屋が店を構えており、あたり一面鰻のいい匂いがしている。昼食はまだなので空腹ではあるが、あまりの暑さに食指が動かない。多分満腹したら歩けない気がするので、好物だが泣く泣く見送る。

大谷の立場を過ぎると、国道1号線の坂を山科へ真っすぐ下り

逢坂山関跡の石碑と常夜燈

る。右手には京阪京津線の線路があり、時々山登り・山下りの電車がやって来る。眼下に山科の盆地と、その先に京都東山の嶺が見える。

坂を下りると国道1号線から分岐して山科の市街地に入る。まずはじめにあるのが伏見追分で、右が京都、左が伏見への分かれ道である。参勤交代の大名は京都には入らず、直接伏見から大阪へ向かったそうだ。私は右側、京都への道を進む。

国道を歩道橋で渡り、5分くらい進むと「京都市」の看板が立っている。別にどうと言うことのない街角であるが、ここが山城国と近江国の境、現代では京都府京都市と滋賀県大津市の境界になる。

道には旧三条通りという名前が付き、商店街になっている。京阪京津線と並行して四宮、京阪山科と進む。四宮駅近くのコンビニで水を買う。多分これが今日最後の給水になるだろう。一日で6～7本は飲んだ気がする。

御陵駅の手前でJR琵琶湖線をくぐる。誰の御陵かと言うと、

伏見追分。右が京都、左が伏見

天智天皇陵だそうだ。右手奥の丘の上にあるらしい。ここから旧東海道は再び狭い道に入り、徐々に登りだす。日ノ岡峠に向けた最後の上り坂だ。お寺が点在する坂を登って行く。

広い道に合流すると車石広場というのがあり、荷車のモニュメントと車石が展示してある。かつて荷車が物流の主役だった頃は峠道をスムーズに通れるように車石を敷設していたそうだ。かつてこの辺は京阪京津線の軌道敷があり、地下鉄化に伴い道路の改修を行ったのを記念して設置したそうだ。ここで最後の休憩を取る。

峠を越えて下り坂に入った。眼下に京都の街並みが見える。左手は蹴上浄水場の敷地、右手には琵琶湖疎水のインクラインが通っている。蹴上の交差点を左手、三条大橋方面に進む。

京都の通りは東西南北碁盤の目状になっている。今通っているのは三条通り、東西方向に延びる道だ。必然的に西日が真正面から照らしてくるので、周囲の歩いている人は非常に暑そうにしている。私も街路樹や軒下の僅かな日陰を探しながら歩く。

神宮道まで来ると右手遠くに平安神宮の鳥居が望める。京都ら

蹴上付近より
京都の街並みを望む

しい風景になってきた。その先の左手には「坂本龍馬　お龍　結婚式場跡」という石碑が建っている。奇しくも旅の初日は坂本龍馬で始まり、最終日も坂本龍馬で締めるという展開である。この人も当時の東海道を何度か行き来していた証しである。

　白川の橋を渡る。白川はなかなか綺麗な流れで、川沿いの道は風情がある。ここで少し寄り道をして明智光秀の首塚を見に行く。首塚は白川沿いに2分程行ったところから、左に入った行き止まりの奥にあった。山崎の戦いに敗れて小栗栖村で落ち武者狩りに襲われて自刃した光秀の首を、家臣が隠してここに埋めたと伝わる。

　寄り道から三条通りに戻る。歩くペースは少し落とし気味にして、一歩一歩を確かめるようにして進むと、逆光の中に三条大橋が見えてきた。時刻は17時、いよいよゴールである。旅の終わりを惜しむように、三条大橋の欄干を一撫でしてから渡る。ちょっと涙が出て来たが、汗と一緒に指で軽く拭って誤魔化す。そもそも中年男性が泣いているのを気にかけて見ている人などいないで

坂本龍馬　お龍　結婚式場跡。今はマンションが建っている

あろう。

三条大橋を渡り切ると、鴨川の涼しげな河原と弥次さん喜多さんの像が出迎えてくれた。彼らは京都巡りの後に大阪見物をして、続編では四国の金比羅山や広島の宮島まで足を延ばしているが、私の東海道五十三次の旅はここで終わりとする。

逆光が差す中、京都三条大橋に到着

■本日の歩行記録　26・7㎞、5時間28分
平均時速　4・9㎞／h
（小休止・信号待ち除く）

■並行する鉄道駅
草津、南草津、瀬田、石山（琵琶湖線）、唐橋前、京阪石山、粟津、瓦ヶ浜、中ノ庄、膳所本町、錦、京阪膳所、石場、島ノ関、びわ湖浜大津（京阪石山坂本線）、上栄町、大谷、追分、四宮、京阪山科、御陵、蹴上、東山、三条京阪（京阪京津線・京都市営地下鉄東西線）
計22駅区間

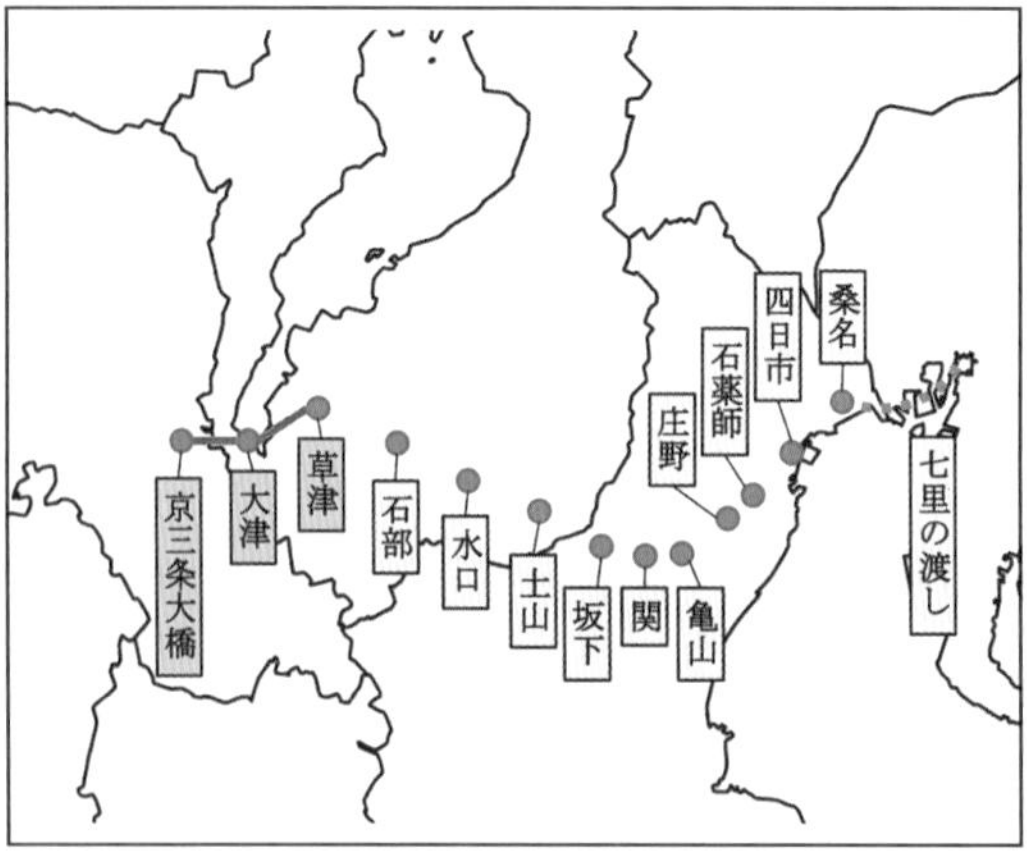

■歌川広重の画で辿る往時の東海道

歌川広重　東海道五十三次
大津　走井茶屋

歌川広重　東海道五十三次
京師　三條大橋

✧東海道五十三次　旅の記録

開始日：２０２１年８月21日
完了日：２０２２年８月２日
所要日数：計19日間
総歩行距離：５２１・５km
総歩行時間：１０７時間23分
平均時速：４・９km／h（小休止・信号待ち除く）
新幹線に乗った回数：14回
交通費：15万１０２６円
宿泊：計６泊（静岡、掛川、豊橋、桑名、草津、京都）
宿泊費：３万９１９０円
飲食費：不明。宿泊費より確実に高くついた
お土産：小田原かまぼこ、安倍川餅、桜えびせん、浜名湖うなぎ、新のり、たたみいわし、赤福、坂角えびせん、なが餅、うなぎパイ

歩いた後のビールは最高！
草津の回転寿司屋にて

✧旅の装備品

ナップザック。中身は下のアイテムと、着替え、傘など

歩きやすいスニーカー
500km歩いたら寿命に

マスクと帽子。どちらも忘れると大変なことに

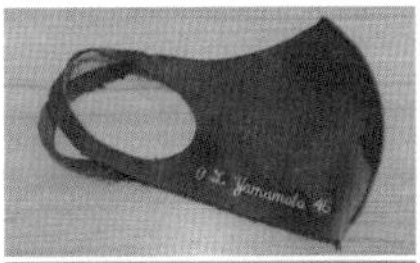

スマホ。歩行記録、ナビ、カメラ、音楽にと大活躍

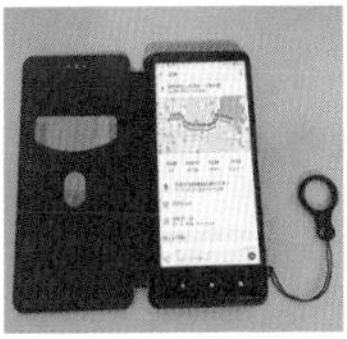

充電器とリチウム電池。スマホの充電切れ対策

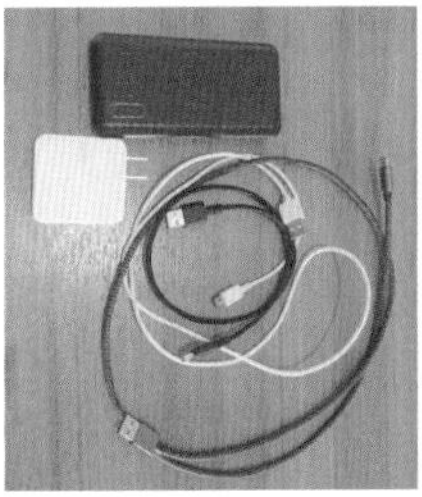

イヤホン。ヘビメタを流すと歩行速度が上がるパワーアップアイテム

ガイドブック『ちゃんと歩ける東海道五十三次』。地図ガイドと街道沿いの史跡が載っている優れもの

補遺　東海道五十三次　各駅停車の旅

今回の旅はかなりの区間で鉄道と並行した道を歩いたので、旧東海道の一里塚とともに、鉄道駅を道程の一つの目安にしていた。毎回の道程では並行する鉄道と駅名、駅数を記したのもそのためだ。

そこでふと思いついたのが「旧東海道沿いを各駅停車に乗って、これまで歩いて来た道程を一駅ずつ振り返りながら帰ったら、旅の思い出が増して面白いのでは」という企画だ。我ながら馬鹿げたことを考えたものだ。

線路沿いを歩いていると「各駅停車って結構速いな」と常に思っていた。昔の移動手段と比較すると、徒歩は勿論のこと、駕籠かきでも飛脚でも馬でも追いつかない速度が出る。果たして京三条大橋から江戸日本橋まで旧東海道をトレースしながら、各駅停車で行くとどのくらいの時間が掛かるのだろうか。ともあれ、新たな旅のスタートである。

北品川で旧東海道と交差する京急線の普通・浦賀行

一日目　2022年8月3日㈬

1本目　京都市営地下鉄東西線・京阪京津線　三条京阪〜びわ湖浜大津
乗車距離　10・9㎞、乗車時間　23分

昨夜は無事京都に着いたのが嬉しくて、ホテル近くの居酒屋で一杯、もとい、隣のテーブルのお客さんと意気投合して「目一杯」盛り上がってしまった。ホテルに戻ったのは0時近くで、見事二日酔いである。それでも何とか8時にはホテルを出て、最寄りの地下鉄駅に向かった。今日も朝から非常に暑い。

目指すびわ湖浜大津行は京都市役所前が始発で、京阪800系がこの区間の専用車両である。京都市営地下鉄東西線の6両編成用のホームに4両でやってくるので、乗車位置には注意が必要である。私は先頭車両の運転台後ろの前向きの席に陣取った。急勾配・急曲線が連続する山越え路線なので前面展望を楽しみたい。

東海道沿いに逢坂山を下る京阪京津線

8時39分に京都市役所前を発車。次の三条京阪から東海道五十三次各駅停車の旅が始まるが、地下鉄なので当然景色は楽しめない。東山、蹴上、御陵と地下鉄区間を過ぎ、京阪山科の手前から地上に出る。

四宮、追分と街中を走り、逢坂山の登りに入ると昨日歩いた道が右手に見える。京津線は急坂をグイグイ登り、大谷を過ぎると今度は急曲線が連続する下りだ。蟬丸神社も踏切からちらりと見える。

上栄町を過ぎると併用軌道区間に入る。札の辻で旧東海道は右に折れて行くが、電車はそのまま坂を下り、右折するとびわ湖浜大津駅に入る。京津線はいつ乗っても楽しい。

2本目　京阪石山坂本線　びわ湖浜大津〜唐橋前
乗車距離　6・0㎞、乗車時間　14分

びわ湖浜大津からは石山坂本線に乗る。次の石山寺行は9時7

大津市内の併用軌道区間

分発で、3分しかない。京津線の電車が折り返し線に入ると、程なく石山坂本線の2両編成の電車が入線してきた。手狭な駅構内だが器用な使い方をするものである。島ノ関、石場と進むと、旧東海道と踏切で交差する。

一旦JR線の方に進路を変えて、京阪膳所、錦、膳所本町と進む。ここは膳所城の大手口にあたる。中ノ庄、瓦ヶ浜と進むと再び旧東海道と踏切で交差し、右に90度曲がると、旧東海道は逆に左に折れているので再び踏切で交差、と非常に目まぐるしい。

粟津、京阪石山と進み、左右にカーブを切ると再び旧東海道との踏切があり、唐橋前でもう一度交差する。こちらも右を見たり左を見たり非常に忙しい。唐橋前は名前の通り、瀬田の唐橋の最寄り駅である。

3本目　JR琵琶湖線　石山～草津

乗車距離　7・7㎞、乗車時間　9分

大津市内で旧東海道と交差する京阪石山坂本線

唐橋前から一旦京阪石山に戻り、ＪＲ琵琶湖線に乗り継ぐ。この区間は新快速も来るが、各駅停車の旅なので乗ってはならない。一本見送って、９時49分発の快速米原行に乗る。ピカピカの２２５系がやってきたが、車内のモニターがエラーで「次は茨木」と表示されている。

瀬田川の橋から瀬田の唐橋を望む。線路は左にカーブして旧東海道からは少し離れる。瀬田、南草津と進み、草津川の橋からは昨日渡った旧東海道がはっきりと見えた。旧草津川の天井川の下をトンネルで抜けると、ほどなく草津に着く。

4本目　ＪＲ草津線　草津〜貴生川

乗車距離　21・4㎞、乗車時間　24分

草津からはＪＲ草津線で柘植方面に向かうが、最初に発車する10時25分発の貴生川止まりの電車にとりあえず乗る。２２１系4両編成が来た。

石山から２２５系快速で草津に向かう

一つ目の手原を過ぎると、旧東海道と100～200mの距離を置いて並走する。草津線の沿線は田園風景が多いが、旧東海道沿いは家並みが立ち並んで途切れることがないのが車窓から分かる。石部の手前では金山の麓を行く旧東海道の下道とぴったり並んで走る。

甲西を過ぎ、三雲の手前の踏切で旧東海道と交差する。三雲から先の草津線は野洲川沿いを走り、横田の渡し跡を対岸から見ることが出来る。

左から近江鉄道の線路が現れると終点の貴生川だ。水口宿からは2・5km程離れた野洲川の対岸に位置する。

5本目　JR草津線　貴生川～柘植
乗車距離　15・3km、乗車時間　19分

水口宿から鈴鹿峠を越えて関宿までの区間は、並行する鉄道がない。鉄道は貴生川から柘植に出て、加太峠を越えて関宿に出る

草津線の113系5700番台

ルートとなる。貴生川11時25分発の柘植行は113系5700番台の4両編成で、国鉄時代の内装と乗り心地が味わえる。甲南、寺庄、甲賀、油日と甲賀の里を走り、三重県に入ると終点の柘植に着く。県境は越えるものの、地形は比較的平坦なので草津線の電車は快走する。

6本目　JR関西本線　柘植〜亀山
乗車距離　20・0km、乗車時間　23分

柘植駅では向かいのホームに停まっていた11時42分発の亀山行に乗り換えて、すぐ発車となる。キハ120の1両ワンマン列車だが、運の良いことにボックスシートが空いていて座ることが出来た。柘植を出ると加太越えで山に分け入る。右側には名阪国道(国道25号線バイパス)という幹線道路と並行しているが、進行左側の席に座ったので見えるのは山と加太川と、「非名阪」の異名を持つ未整備の国道25号線旧道である。

関西本線のキハ120で亀山に向かう

加太を過ぎて山を下りると鈴鹿川が合流してくる。やがて車窓に国道1号線が見えてくると関で、ここから先は旧東海道沿いだ。旧東海道は鈴鹿川沿いに延びる大岡寺畷を線路と並走し、やがて跨線橋を越えて河岸段丘の上に登って行く。段丘を見上げながら鈴鹿川沿いに走ると終点亀山に到着である。

7本目　JR関西本線　亀山～加佐登
乗車距離　9・0㎞、乗車時間　9分

亀山からはJR東海の電化区間になる。12時24分亀山発の快速名古屋行に乗る。この電車は313系の2両編成で、ワンマン運転なので無人駅での下車は一番前のドアしか開かない。

最初の駅は井田川で、休憩を取ったベンチが懐かしい。井田川を出て安楽川を渡ると、右手遠くの家並みがある辺りが旧東海道だ。田んぼの向こうに庄野宿を見ながら加佐登に到着する。

JR関西本線　加佐登駅

8本目　三重交通バス　国道加佐登～内部駅前
乗車距離　7・7㎞、乗車時間　11分

関西本線から内部へのアプローチは河原田から歩いて30分程だが、バスをうまく使うと加佐登から国道を経由して内部駅前に抜けられる。昼間は2時間毎なので、すぐ乗り継げたのは幸運であった。加佐登駅から7分程歩くと国道1号線・25号線のバイパス沿いの停留所に着く。先月歩いた日も暑かったが、今日はもっと暑い。12時44分の定刻より5分程遅れてバスはやってきた。

バスは石薬師寺を右手に見ながら切通しの坂を登り、旧東海道の石薬師宿の1本隣の道を行く。左手の街並みから宿場の雰囲気が伝わってくる。采女までは歩いて来た同じ道を行き、その先旧東海道は杖衝坂の急坂を行くが、国道は緩い切通しの坂道を下り内部川を渡る。県道に分岐するとすぐ内部駅前。遅れていたので内部線の接続が気になったが、2分差でギリギリ間に合った。

国道1号線・25号線を走る三重交通バス

9本目　四日市あすなろう鉄道内部線　内部〜あすなろう四日市
乗車距離　5・7㎞、乗車時間　17分

内部駅のICカードリーダにPASMOをタッチして、13時5分発の電車に飛び乗る。このあたりは文明の利器の力で、昔ならば切符を買っている間に電車は行ってしまう。幸い先頭車の前向き1人掛け席が空いていた。

小古曽、追分、泊、南日永と進む。旧東海道は線路から1〜2本離れた辺りを通っている。天白川を無骨なコンクリート橋で渡ると、八王子線が合流してきて日永。電車行き違いで少し停まる。次の赤堀は旧東海道と接近していて、先日写真を撮った所だ。ここから先は四日市の街中に入り、程なくあすなろう四日市に到着する。

あすなろう四日市に到着する内部線のミニ電車

10本目　近鉄名古屋線　近鉄四日市～桑名
乗車距離　13・2km、乗車時間　19分

あすなろう四日市駅から跨線橋を渡ると近鉄四日市駅の改札前広場に出る。ホームに上がると準急近鉄名古屋行が2000系の3両編成で入ってきた。昔の近鉄スタイルの電車である。

13時29分に発車。この電車は蟹江まで各駅に停まる。川原町、阿倉川と進むと次は霞ヶ浦。雨に降られて中止を余儀なくされた駅だが、今日は快晴である。次の近鉄富田を過ぎると三岐鉄道やJR線と絡みつくようにガードを越え、ついでに旧東海道も越える。川越富洲原の次が伊勢朝日。ここも雨宿りでお世話になった駅だ。駅前の踏切が旧東海道である。

員弁川を渡り、益生を過ぎるとJR線・三岐鉄道北勢線と並んで桑名に到着。駅に着く手前右側に、先日泊まったビジネスホテルが見える。桑名から先の旧東海道は七里の渡しだが、この区間はどうやっても再現出来ないのでそのまま近鉄名古屋に向かう。

近鉄名古屋線の準急1979年製の2000系

11本目　名鉄名古屋本線　神宮前～東岡崎

乗車距離　32・4㎞、乗車時間　1時間13分

近鉄名古屋駅と名鉄名古屋駅はすぐ隣り合っており、連絡改札がある。僅か4分の乗り換え時間で、14時24分発の普通東岡崎行に乗り継ぐ。6500系の4両編成だ。神宮前から旧東海道との並走が始まる。

堀田、呼続を過ぎると、次の桜までは上り坂となる。旧東海道は100m程離れて並行しており、本笠寺の手前の踏切で交差する。ここから天白川を渡って鳴海までは少し離れた所を通る。本星崎、鳴海と来るとそこから先は旧東海道とほぼ平行となり、左京山、有松と進む。蛇足ながらこのルートは織田信長が熱田神宮から桶狭間に向かう経路とも近い。

有松の街並みをちらりと見ながら進むと中京競馬場前。桶狭間古戦場の近くだ。前後、豊明と旧東海道の傍をアップダウンを繰り返しながら進む。こう書くと快走しているように聞こえるが、実際には本笠寺で特急通過待ちの5分停車、前後では準急と快速特急と急行にまとめて抜かれて10分停車、次の豊明でまた急行に抜かれて5分停車という具合だ。

豊明を出て境川を渡ると三河国に入る。富士松、一ツ木、知立と進み、次の牛田との間では国道1号線と旧東海道の分岐点、馬市の碑の傍を通る。新安城では特急を先に通して

9分停車。宇頭、矢作橋と進み、矢作川の鉄橋から出合之像が見えないか首を伸ばしてみる。岡崎公園前を過ぎ、岡崎城の天守閣を見ながら東岡崎終点に15時45分に到着する。

12本目　名鉄名古屋本線　東岡崎〜伊奈
乗車距離　24・8㎞、乗車時間　38分

東岡崎からは15時49分発の普通伊奈行に乗るのだが、先ほどの東岡崎行の普通がそのまま行先変更して伊奈行になるそうだ。その間に快速特急が先に発車していくので、実質的には4分停車で快速特急に抜かれたような格好だ。

男川を過ぎ、乙川の河川敷の向こうに国道1号線が見える。例の不気味なお面があった辺りだ。次の美合では4分停車し、急行を先に通す。次の藤川との間で「藤川の松並木」と交差する踏切がある。藤川駅は小学校の真裏にあり、したがって藤川宿の西棒鼻と一里塚が遠くに望める。

名鉄6500系普通。東岡崎に到着

藤川宿の土手下側を抜け、舞木検査場の脇を登ると名電山中。この辺りを歩いたのは2月だったから、半年ぶりである。高架橋に登ると本宿で、本宿の間の宿を遠くに望む。この先は山間に入り、国道1号線と並行して進む。名電長沢の手前で旧東海道は分岐し、名電赤坂と御油の間は遠くの松並木を望んで首を伸ばす。次の国府では6分停車し、特急を先に通す。

国府を過ぎてしばらく行くと、豊川線の分岐点辺りで旧東海道と交差する踏切を通過する。ここで突風とにわか雨に遭ったのを思い出す。小田渕を過ぎ、終点の伊奈に16時27分に到着する。旧東海道は左手500mくらい離れた所を通っている。

13本目　JR飯田線　小坂井～豊橋
乗車距離　4・4㎞、乗車時間　9分

名鉄の伊奈駅とJR飯田線の小坂井駅は距離1㎞程と近い。東海道五十三次各駅停車を目するならば、この区間は名鉄ではなく

国道1号線沿いを走る
名鉄名古屋本線の電車

ＪＲ飯田線に乗り、線路共用区間の各駅に停まりながら行くべきであろう。

　小坂井16時56分発の豊橋行に乗る。３１３系２両のワンマン列車だ。目の前のドアが開かず、慌ててワンマン乗車口と書かれたドアに回って乗り込む。小坂井を出ると間もなく名鉄線と合流して線路共用区間に入り、豊川放水路を渡る。旧東海道の橋から電車ウォッチングをした箇所である。

　豊川放水路を渡ると下地、豊川を渡ると船町に停車する。いずれも飯田線の一部の電車しか停まらない小駅だが、豊橋の市街地にあるので乗り降りは案外多い。旧東海道の豊橋《とよばし》を遠くに望みながら、豊橋駅に到着する。

14本目　JR東海道線　豊橋〜浜松
乗車距離　36・5km、乗車時間　34分

豊橋からは東海道線に乗り継ぐ。17時7分発浜松行は、クロス

小坂井から飯田線のワンマン電車で豊橋に向かう

シートの窓側が埋まる程度の混み具合だ。そこで運転席の後ろに立って、前方を眺めることにする。次の二川まで旧東海道は少し離れた丘の上を進むが、二川駅を出て二川宿までは線路の隣に旧東海道が並行している。左手に二川本陣をちらりと窺う。

二川から新居町までは旧東海道は丘の向こう側を進み、白須賀宿から海岸沿いを経由するが、東海道線は新所原、鷲津と進み、浜名湖に沿って新居町に出る。新居町の手前で新居関所跡が車窓右手に見える。

ここから旧東海道は今切の渡しの渡し舟だが、東海道線は橋で浜名湖を渡る。弁天島を過ぎると右手に舞阪漁港が見え、その奥が舞坂宿の船着き場、雁木跡の辺りである。

舞阪から先の旧東海道は車窓の右手、線路から200〜300mの所を通っており、松並木や名残り松がそれとなく分かる。そうでなくても旧街道沿いは家並みが切れないので、そこに旧東海道があるのは何となく分かるのだ。高塚を過ぎて、左手に西浜松のヤードが見えてくると間もなく浜松に到着する。

東海道線の313系。終点浜松に到着

15本目　ＪＲ東海道線　浜松～藤枝

乗車距離　56・8㎞、乗車時間　52分

浜松からは17時51分発の三島行に乗り換える。３１３系のロングシートで、車内は少し立客が居るくらいの混み具合だ。浜松からの東海道線は旧東海道とは少し離れた所を通っているので、あまり車窓に夢中になる必要はない。

天竜川を過ぎると天竜川の橋を渡る。遠くに天竜川橋と新天竜川橋が見えている。西風が強かったのを思い出す。豊田町、磐田、御厨、袋井と進むが、袋井宿は原野谷川の対岸なので１㎞程度離れていて分からない。愛野、掛川と進むが、残念ながら地平を走る東海道線から掛川城は建物が遮ってよく見えない。

ここから先、旧東海道は日坂宿から小夜の中山を越えて金谷宿に至るが、東海道線は勾配を避けるため、菊川から先は菊川の谷沿いを進んで行く。谷が狭くなってきたらトンネルに入り、諏訪原城跡や金谷坂の下を抜けて金谷に着く。東海道は駅の裏手、金

浜松で三島行に乗り換える

谷坂を下りてくる。

金谷から先、東海道は金谷宿から大井川の河原に出るが、東海道は宿場を避けるように丘に沿って進んで大井川を渡る。遠くに大井川橋が望める。島田から先、六合から藤枝までは旧東海道は左手のそんなに遠くない所を通っているので、時々松並木も見える。

藤枝から先の旧東海道は岡部宿から宇津ノ谷峠を回る。この区間はバスが走っているが、時刻は既に18時43分で夏の日もさすがにすっかり暮れている。この先は日を改めて辿ることにして、今日の東海道五十三次各駅停車の旅はここまでとする。昼食を取る間がなかったので空腹でもある。静岡駅の構内でなにか美味しいものを食べて、新幹線で帰ろうと思う。

静岡の幸で一杯（ながらみ、黒はんぺん、茎わさび）

二日目　2022年8月15日(月)

東名ハイウェイバス　東京駅八重洲南口〜静岡駅

夏休みを利用して東海道五十三次各駅停車の旅を続ける。まずは前回日没終了とした藤枝に向かうのだが、新幹線を使うのももったいないし、東海道線は帰りにも乗る。そこで東名ハイウェイバスを選んだ。

東京駅八重洲南口高速バスターミナル6時20分発の静岡駅行に乗る。この便は途中全部の停留所に停まる。配車時から左右のカーテンが閉まっていて閉口するが、これは日差しが乗客クレームにならないためだろう。私の席は2列目だが、目の前に運転手の上着が掛かっていて前が見づらい。仕方なくカーテンの隙間や上着の隙間から外を眺める。

景色に関しては少し興醒めだが、高速バスのシートは幅は狭

東名ハイウェイバスで静岡に向かう

いが座り心地は良いし、充電用ＵＳＢポートもWi-Fiも完備していて便利だ。スマホを充電しながら、カーナビ代わりにGoogle Mapを写しながら車中を過ごす。途中すべての停留所に停車し、愛鷹ＰＡでの休憩もしっかり取って、静岡駅には約20分遅れで到着した。横浜町田ＩＣの先で少し渋滞したが、それ以外は順調だった。

16本目　しずてつジャストライン・中部国道Ａ線
藤枝駅前〜県庁・静岡市役所葵区役所前
乗車距離22・7㎞、乗車時間　1時間10分

静岡から藤枝までは東海道線に乗り換えて20分程で着く。藤枝駅に降りるのは去年の12月以来だ。10時39分発のしずてつジャストラインバスに乗車。中扉直後の特等席に座ることが出来た。この席はノンステップバスの高床部最前列なので眺望が利く。

８カ月前に歩いた道をバスで遡る。志太の一里塚、藤枝宿本陣

しずてつジャストラインバスで東海道沿いを行く

跡などを眺めながら、約30分で岡部営業所に着く。バスからだと沿道の史跡が見えるし、旧街道が旧道にそれてしまっても、そんなに遠くはないので完全に見失うことはない。

宇津ノ谷峠は国道1号線のトンネルで一気に通過し、丸子までは15分程だ。丸子営業所から先は再び旧道を行き、1本隣の新道を進む。丸子宿の宿場通りは避けて、歩いた道の記憶が蘇る。10分程走ると安倍川橋に差し掛かり、橋を渡るともう府中宿だ。安倍川餅屋や川合所跡の碑を眺めながら進む。

このバスは静岡駅前経由新静岡行だが、新静岡駅へ行くなら駿府城の近くで降りた方が早い。駿府城の外堀沿いの県庁・静岡市役所葵区役所前バス停で下車した。府中宿の中心は江川町の交差点を渡ってすぐである。

17本目　静岡鉄道静岡清水線　新静岡〜新清水
乗車距離　11・0㎞、乗車時間　21分

県庁・静岡市役所葵区役所前で下車。目の前は駿府城外堀

府中宿の上伝馬本陣跡や西郷・山岡会見碑をもう一度見てから新静岡駅に向かい、12時4分発の新清水行に乗る。来たのは新しいA3000形で、運転席後ろに「2017年鉄道友の会ローレル賞」の受賞記念プレートが付いている。鉄道ファンが認める良い車両の証しである。

車内は空いているが、左右の道が気になって仕方がない。日吉町、音羽町、春日町と旧府中宿の中を進み、柚木、長沼、古庄は旧東海道から100mも離れていない所を通る。座っているとどうしても視界が狭くなるので、途中からドア脇に立って外を眺めることにした。

東海道線と貨物ヤードと新幹線を鉄橋で一気に跨ぐと県総合運動場。この鉄橋の下には旧東海道のアンダーパスがあって三重の立体交差になっている。車窓右側の少し高めの位置に旧東海道を見上げながら、県立美術館前、草薙、御門台、狐ヶ崎と進む。次の桜橋との間で旧東海道と踏切で交差すると、左側のドア脇に移る。桜橋、入江岡と進むと江尻宿の中に入り、巴川の鉄橋を渡る。

静岡鉄道のA3000形で新清水に向かう

旧東海道の稚児橋まではきれいに見通せないが、船溜まりの面影を残しているのが分かる。鉄橋を渡ると終点新清水に到着する。

18本目　JR東海道線　清水～三島
乗車距離　48・3km、乗車時間　54分

新清水駅から清水駅までは徒歩10分程だ。東海道線を跨線橋で越えて、アーケード街を歩くと清水駅前に出る。清水発12時44分発の三島行は211系5000番台の3両編成が来た。車内は少し混んでおり、ドア脇に立って外を眺める。

清水を出てしばらく旧東海道は車窓左側にあるが、横砂踏切から先は右側になる。旧西園寺公望別邸の坐漁荘は家並みに遮られて見えなかったが、それでも旧東海道がちらちらと見える。間もなく興津に到着という所で踏切安全確認のため急停車した。停まった所は興津宿公園の真裏であった。

興津川を渡ると旧東海道は山側に入り薩埵峠への登りとなるが、

211系5000番台の三島行普通電車

東海道線は海岸沿いを進み、峠の真下をトンネルで抜ける。トンネルを抜けた所で上を見上げてみたが、高低差がありすぎて展望台は見えなかった。由比までは海と山との狭い場所に、右手に国道1号線と東名高速道路、左手はやや上の方に旧東海道と新旧交通の大動脈が並ぶ。この辺りの景色は数時間前に高速バスからも眺めており、いろいろな記憶が交錯する。

由比宿は由比と蒲原のちょうど間にある。車窓左手に由比宿京口となる由比川橋は見えるが、宿場町は東海道線より一段高いところにあり、速度も出ているのでよく見えない。蒲原の次は新蒲原で、蒲原宿は新蒲原駅のすぐ近くだ。古くからの宿場町が新蒲原とは妙な命名だが、蒲原駅は明治23年開業、新蒲原駅は昭和43年開業なので、駅としては確かに「新しい蒲原」である。歴史的には、岩淵、蒲原、由比での駅誘致合戦があり、蒸気機関車が牽く列車ではあまり駅間を近く取れない事情があり、まず明治22年に岩淵駅（現富士川駅）が開業し、翌年に由比宿と蒲原宿の間に蒲原駅が開業、大正時代に由比宿から少し離れた場所に由比駅が

薩埵峠展望台から見た東海道線と東名高速道路

追加されている。昭和40年代になって新幹線が開業し、東海道線を走る長距離列車が減って近郊電車主体に転換したことで、やっと新蒲原駅が実現した、という経緯だそうだ。

説明が長くなった。新蒲原を出ると旧東海道は山の中に消えていくが、東海道線は山裾を左へ大きくカーブしながら進んで富士川に着く。岩淵の間の宿は一段上の台地上にある。富士川を出ると右へカーブして富士川を渡る。車窓左手に岩淵河岸と富士川橋が見える。

旧東海道と吉原宿は、東海道線の富士、吉原から1〜2㎞離れた所にある。おそらく海沿いの平地を避けたのだろう。しかし平坦な土地は工業地帯には向いており、現在の東海道線沿いは製紙工場だらけである。富士市の製紙工場は豊富な水資源を背景に、明治後期から大正、昭和初期にかけて相次いで創業したそうだ。

吉原からは再び旧東海道と並行して進む。車窓右手に旧東海道を見ながら東田子の浦を過ぎ、踏切で旧東海道と交差して原。私も右ドア脇から左ドア脇と位置を移す。再び踏切で旧東海道と交

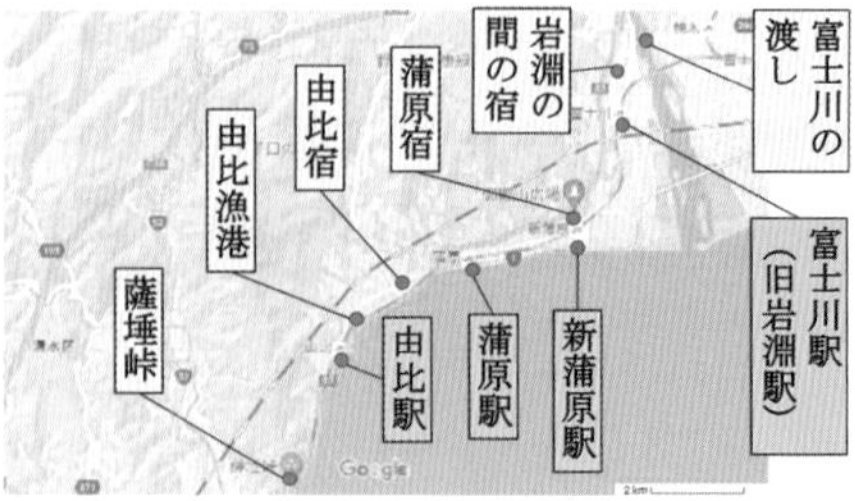

東海道五十三次の宿場と東海道線各駅の位置関係

Google Mapより作成

差すると片浜。昭和62年開業の割と新しい駅だ。再び右ドア脇に移り、旧東海道を右手遠くに眺めながら進み、沼津駅の貨物ヤードが見えるあたりからは旧東海道と徐々に離れていく。沼津で乗客の半分程が入れ替わり、席が空いたので座った。沼津から三島までは東海道線から旧東海道は見えないので、落ち着いて座っていられる。５分程で終点三島に到着する。

19本目　東海バス　三島駅～元箱根港
乗車距離　22・9km、乗車時間　53分

三島駅前で昼食を取ったあと、今度はバスで箱根に上がる。三島駅発14時25分発の東海バスは観光客が多く盛況だ。今日は三嶋大祭りの会期に当たっており、三嶋大社前の旧東海道三島宿は車両通行止めである。バスは南側の国道1号線へ大きく迂回し、初音ヶ原松並木の手前から正規ルートに戻る。

箱根路の碑を過ぎると旧道に入り、バスは坂をぐんぐん上って

東海バスの元箱根港行で箱根へ登る

行く。結構な坂を下ってきたのだと、改めて思い出す。臼転坂やこわめし坂は旧東海道と分かれるが、それ以外は旧東海道と重なっている。

三島スカイウォークは敷地内にバス停があり、バスは駐車場の中へ入って行く。ここで乗客の半分以上が降りた。相変わらず盛況のようであるが、東海道五十三次の旅は現代型観光施設とは無縁とばかりに通り過ぎる。

この先、旧東海道は石畳や山道が主体となる。車が走る道路は勾配を緩やかにするため連続カーブで登って行くので、旧東海道は何度も交差して右に左にと見えるので非常に忙しいことになる。三島駅から40分程で箱根峠を登り切る。往路に城巡り趣味のおじさんと城談議をしたベンチが妙に懐かしい。箱根新道との分岐点を過ぎると芦ノ湖への下りだ。旧東海道はまっすぐ山道を下りるが、道路はヘアピンカーブの連続である。

芦ノ湖畔に出て、箱根駅伝ミュージアム、箱根関所の脇を通り、箱根杉並木を右手に見ながら元箱根港に向かう。箱根神社の大鳥

元箱根港バスターミナル。右から箱根新道経由（急行）箱根登山バス、旧街道経由の箱根登山バス、三島からの東海バス

居が見えると終点元箱根港だ。バスターミナルにはバックで車庫入れするようにして到着する。

20本目　箱根登山バス　元箱根港～旧街道経由～箱根湯本駅
乗車距離　12・6㎞、乗車時間　35分

元箱根港バスターミナルで旧街道経由箱根湯本駅行の箱根登山バスに乗り継ぐ。次のバスは15時35分発だ。運転手は「旧街道経由です。急坂と急カーブが連続します。出来るだけ座席にお掛けください。立つ方は本当にしっかりと掴まって下さい」と注意を促す。

元箱根交差点を右折するといきなり急坂と急カーブで箱根外輪山に挑む。お玉ヶ池、甘酒茶屋を過ぎると今度は山下りとなり、猿滑坂、見晴茶屋と旧東海道に沿って走って行く。

樫木坂と箱根七曲りはヘアピンカーブの連続だが、バスは手慣れたハンドルさばきで下って行く。不慣れな車よりバスの方が速

旧街道経由の箱根登山バス

いかもしれない。この辺りは箱根新道も絡みつくようにヘアピンカーブで下っている。その真ん中を旧東海道は真っすぐ下るという構図だ。

畑宿の集落に入った。道は狭いが、相変わらず華麗なハンドル捌きで乗用車とすれ違う。この先湯本まで、旧東海道の殆どの区間はバスも通るこの道だ。登って来た時は朝方で交通量が少なかったから良かったが、午後のこの時間帯は交通量が多い。排気ガスを浴びながら車に横をすり抜けられるのは正直不快なので、この辺りはあまり午後に歩きたくない感じだ。

奥湯本から下宿まで狭い道を下り、周囲が開けると早川に架かる三枚橋を渡る。旧東海道は右折するが、バスは左折して箱根湯本駅に入る。

21本目　箱根登山鉄道　箱根湯本〜小田原

乗車距離　6・1㎞、乗車時間　14分

旧東海道の山道（割石坂）とバスが走る旧道

バスでの箱根越えを終えて、小田原までは箱根登山鉄道で下る。箱根湯本16時17分発の小田原行は小田急1000形4両編成での運行だ。車窓の右側に三枚橋を見ながら坂を下り、入生田の手前で旧東海道と踏切で交差。風祭の先までは左側の少し高い所に旧東海道が通っているのが見える。

早川沿いに坂を下り、平地に出ると箱根板橋、その先で左に急カーブして旧東海道をガードで越える。この辺りが小田原宿の板橋口（上方口）だ。小田原城の下をトンネルで通過すると、まもなく小田原駅に到着する。

22本目　ＪＲ東海道線　小田原〜戸塚

乗車距離　43・０km、乗車時間　47分

小田原で東海道線に乗り換える。16時39分発の上野東京ライン高崎行はＥ２３３系15両編成での運行だ。２号車右側のボックスシートに陣取り、車窓の遠くに酒匂橋を望むと鴨宮。再び海に近

箱根湯本から箱根登山鉄道で小田原に下りる

づいてくると旧東海道が近づいてきて、坂を登った所が国府津だ。この先二宮、大磯と旧東海道から100〜200m程離れた所を進む。あまり車窓からは見えないが、川を渡ると眼下に見えるし、時折遠くに松の木が見えるのは名残り松だろうか。

大磯の先で旧東海道は車窓左側に移る。高麗山の丸い山体を眺め、花水橋を渡ると平塚宿だ。左手の貨物ヤードの向こうに上方見附跡がある。

平塚では3分停車し、特急踊り子号を先に通す。平塚を過ぎて馬入川を渡ると、旧東海道は見えなくなる。茅ヶ崎、辻堂と進み、小田急江ノ島線がオーバークロスすると藤沢。境川を渡り、蛇行する柏尾川を見ながら進む。旧東海道は遊行寺坂、大坂と台地の上を行くが、東海道線は平坦な柏尾川の谷筋沿いに進む。車窓右側に車両基地が見え、横須賀線が合流すると大船だ。大船を出ると横須賀線の上り線が立体交差で東海道線を跨ぎ、方向別複々線の形態になると戸塚だ。駅ホーム後部は柏尾川の橋の上である。

東海道線で戸塚に出る。戸塚駅ホーム後部は柏尾川の上

23本目　ＪＲ横須賀線　戸塚～保土ヶ谷
乗車距離　9・1㎞、乗車時間　8分

戸塚では向かい側のホームの横須賀線に乗り換える。方向別複々線形態は乗り換えが便利だ。やってきたのはＥ２１７系15両編成の成田空港・鹿島神宮行だ。これに乗って成田空港まで行くと約2時間半、鹿島神宮まで行くと3時間以上掛かるが、そんな乗り方をする人は皆無だろう。

次の東戸塚の手前までは旧東海道と比較的近い所を走る。右側から山が迫って来ると東戸塚。旧東海道は右手の山を品濃坂で上がるが、横須賀線は山の下を品濃トンネルで抜ける。トンネルを出て高速道路をくぐると、右手後方に権太坂が見えてくる。ここから保土ヶ谷宿までは線路と旧東海道が並行している。左にカーブしながら保土ヶ谷宿本陣跡近くの東海道踏切を越え、まもなく保土ヶ谷に着く。

横須賀線のＥ２１７系
成田空港・鹿島神宮行

24本目　相鉄本線　天王町〜横浜
乗車距離　2・4㎞、乗車時間　5分

保土ヶ谷駅で降りて、旧保土ヶ谷宿を1㎞程北東へ歩く。帷子橋のモニュメントがある公園に入ると、天王町駅は目の前だ。高架ホームに上がるとすぐ電車が来た。17時50分発の相鉄本線各駅停車横浜行に乗る。ヨコハマネイビーブルー色の9000系10両編成だ。独特の走行音が面白い。

旧東海道は山裾の浅間町の方を進むが、相鉄線は帷子川に沿って進む。駅間距離は短く、あっという間に西横浜、平沼橋と進み、終点横浜に着いた。

25本目　京急本線　横浜〜品川
乗車距離　22・2㎞、乗車時間　57分

横浜からは京急本線で旧東海道沿いを進む。車窓から道や史跡

ヨコハマネイビーブルー色の相鉄9000系で横浜に到着

が結構見える区間で、普通で一駅ずつ辿るには良い区間だ。ただし途中で優等列車に追い抜かれまくる。

横浜18時0分発の品川行に乗る。新1000形の6両編成だ。左手に神奈川宿台之景の坂の辺りを見ながら青木橋をくぐると神奈川。横浜開港により諸国公館が置かれた寺社を右手に眺めながら進むと京急東神奈川。つい最近まで仲木戸と呼ばれており、神奈川御殿という将軍家の宿泊施設に因んだそうだ。東海道五十三次の旅人としては仲木戸の方が情緒があって好きだが、ＪＲ東神奈川駅に隣接しているので利便性を取ったのだろう。

次の神奈川新町では7分停車し、特急品川行とウイング号の回送列車と特急青砥行に3本まとめて抜かれる。特急と同時出発し、子安、京急新子安と右手に国道15号線＝東海道をちらちら見ながら進む。

首都高速と高島貨物線をくぐる辺りに生麦事件の碑がある。この先の生麦、花月総持寺（旧花月園前）は、旧東海道は海辺の生麦魚河岸を通っていたので線路とは少し離れている。

京急新1000形の普通品川行。神奈川新町で特急を先に通す

高架橋に登ると京急鶴見。3分停車してエアポート急行羽田空港行に抜かれる。京急鶴見で旧東海道と交差するので、左側のドア脇に移る。鶴見川橋を遠くに望むと鶴見市場。箱根駅伝の鶴見中継所はこの辺りだ。

次の八丁畷を発車すると旧東海道と踏切で交差する。私も再び右ドア脇に移る。川崎宿の京口はこのあたりの筈だが、当時の様子は街並みからはよく分からない。再び高架橋に登ると京急川崎で、3分停車して快特品川行を先に通す。

遠くに六郷橋を見ながら多摩川の鉄橋を渡ると六郷土手。少し勢い余ったのかオーバーランして停車位置を修正した。高架橋から国道15号線＝東海道を見下ろしながら雑色、京急蒲田と進み、京急蒲田では2分停車の間に向かいのホームからエアポート急行印西牧の原行が先に出発する。

高架橋から梅屋敷跡の公園を見下ろすと梅屋敷、更に進んで大森町。旧東海道は三原通りの商店街に分岐していくが、京急線は国道に沿って平和島に出る。4分停車し、特急泉岳寺行とウイン

平和島でウイング号の回送列車の通過待ち中

グ号の回送列車にまとめて抜かれる。

だいぶ周囲は暗くなってきたが、街の灯りがあるので辛うじて旧東海道はトレース出来ている。大森海岸を過ぎると右手に鈴ヶ森刑場跡を見下ろす。立会川の近くに坂本龍馬像があるが、これは車窓からは見えない。鮫洲で４分停車し、エアポート急行成田空港行の通過待ちをする。

高架線を青物横丁、新馬場と進む。この辺りは品川宿本陣跡に近い。旧東海道は白熱灯風の街灯でライトアップしているので、上から見ても分かる。地上に下りると北品川で、駅を出た所で旧東海道と踏切で交差する。

品川の手前で左に急カーブし、八ツ山橋でＪＲ線を跨ぐ。続いて右に急カーブを抜けると終点品川のホームに入る。横浜から品川までに優等列車と回送列車を合計９本先に通した。

26本目　京急本線　品川〜泉岳寺
乗車距離　１・２km、乗車時間　２分

横浜から57分掛けて品川に到着

京急品川駅は列車の出入りが多くていつ来ても面白い。ここまで乗ってきた普通品川行が2番線から折り返し線に入ると、続いて快特品川行が2番線に到着し、これも折り返し線に入って行く。次に到着したエアポート急行泉岳寺行に乗り込む。京急線内の列車だが、都営5500形がやってきた。この辺りが相互直通運転の面白いところだ。19時5分に発車。品川を出ると高架から下りてトンネルに入り、泉岳寺までは一駅なのであっという間に到着する。

27本目　都営浅草線　泉岳寺〜新橋
乗車距離　3・6km、乗車時間　6分

泉岳寺では向かいのホームの都営浅草線に乗り換える。19時8分発の快特成田空港行は京成3700形がやってきた。都営浅草線は京急、京成、北総鉄道の各線からの乗り入れがあり、形式も多いのでどの車両が来るか常に楽しみだ。

都営地下鉄5500形のエアポート急行泉岳寺行

泉岳寺は高輪大木戸から近く、新橋までの道程はもう江戸の街中である。旧東海道の地下を都営浅草線は進む。泉岳寺から真っすぐ進み三田、芝四丁目の左カーブを曲がると大門、浜松町一丁目の右カーブを曲がると新橋に到着する。地下鉄は用地買収の関係でなるべく道路の下を行くように敷かれているので、道路のカーブの形に結構忠実なところが多い。

京成3700系の快特
成田空港行

28本目 東京メトロ銀座線 新橋〜日本橋
乗車距離 2・3㎞、乗車時間 6分

新橋で都営浅草線から東京メトロ銀座線に乗り換える。日本橋には都営浅草線でも行けるが、都営浅草線は昭和通りの下を通っているのに対し、東京メトロ銀座線は中央通りの下を通る。旧東海道は現代では中央通りなので、東海道を忠実にトレースするならば銀座線だ。

新橋19時21分発浅草行の東京メトロ1000系に乗る。いよいよ旅のラストランナーである。新橋駅のホームは外堀通りの下にあり、左に急カーブを曲がり、汐留川跡をくぐって中央通り（銀座通り）の下に入る。

銀座八丁目から四丁目までまっすぐに進むと銀座。銀座一丁目まで進み、京橋川跡をくぐって少し左カーブすると京橋。京橋から先はまっすぐな道の下を通り、日本橋に到着する。地下鉄だとレールと車輪の軋む音や、隣の車両との貫通路の動きで微妙なカーブでも分かりやすい。

そして宵の日本橋へ

日本橋駅のB９b出口から地上に出た。目の前は中央通り、左手１００mくらい先に日本橋が見えている。私は三条大橋でやったのと同じように、橋の欄干を撫でながら日本橋を渡った。今回涙は出ないし、そこまで感慨深いものはなかったが、とにかく一つの旅をやり終えてホッとする気持ちであった。例えるならば、

東京メトロ１０００系で日本橋に到着

夏休み宿題レポートを全編見直し終えたような感じである。

宵の日本橋はライトアップされて綺麗で、盆休み中なので歩行者も交通量は少ないので暗いながらも写真は撮れる。私は出発した時と同じように、道の真ん中から京橋の方向を見てみた。朝の中央通りも綺麗だったが、宵の中央通りもまた綺麗である。

東海道五十三次各駅停車の旅を振り返って

二日間掛けて、旧東海道沿いに各駅に停まりながら行く旅をしてみた。率直に申し上げて、一般の方にお勧め出来る旅ではない。東海道五十三次を歩いた経験者の方であれば少しは興味が湧く部分があるかもしれない。しかし京から江戸まで全区間を各駅停車で乗り通すのはやはり馬鹿げている。いくら移動プロセスが好きな私でも、少し疲れたし途中で少し飽きた。

気に入った所を部分的に辿るのであれば、お勧めしたい。人により趣味・興味が異なるので一概には言えないが、私のお勧めす

江戸・日本橋に到着。橋の欄干を撫でながら渡る

るのは京阪京津線（三条京阪〜びわ湖浜大津）、名鉄名古屋本線（神宮前〜伊奈）、東海道線（清水〜三島）、京急本線（横浜〜品川）の４区間である。いずれも旧東海道と接近しており、もちろん優等列車で駆け抜けても景色は同じだが、少し時間を掛けて各駅停車で沿道を見ながら行くのも面白いだろう。別に同じ列車をずっと乗り通す必要はなく、降りたい駅で降りて再度見物をしても良い。旅の楽しみ方は人それぞれ、自分が楽しいと思うことをすればよいと思う。

✧東海道五十三次各駅停車の旅　旅の記録

所要日数：計２日間
乗り継いだ電車・バスの本数：計28本
総乗車距離：４７９・２km
総乗車時間：12時間32分
平均時速：38・２km／h（乗り換えや徒歩連絡を除く）
交通費：２万２２０５円

宵の日本橋から東海道・京橋方向を望む

✧東海道五十三次各駅停車の旅　概略図

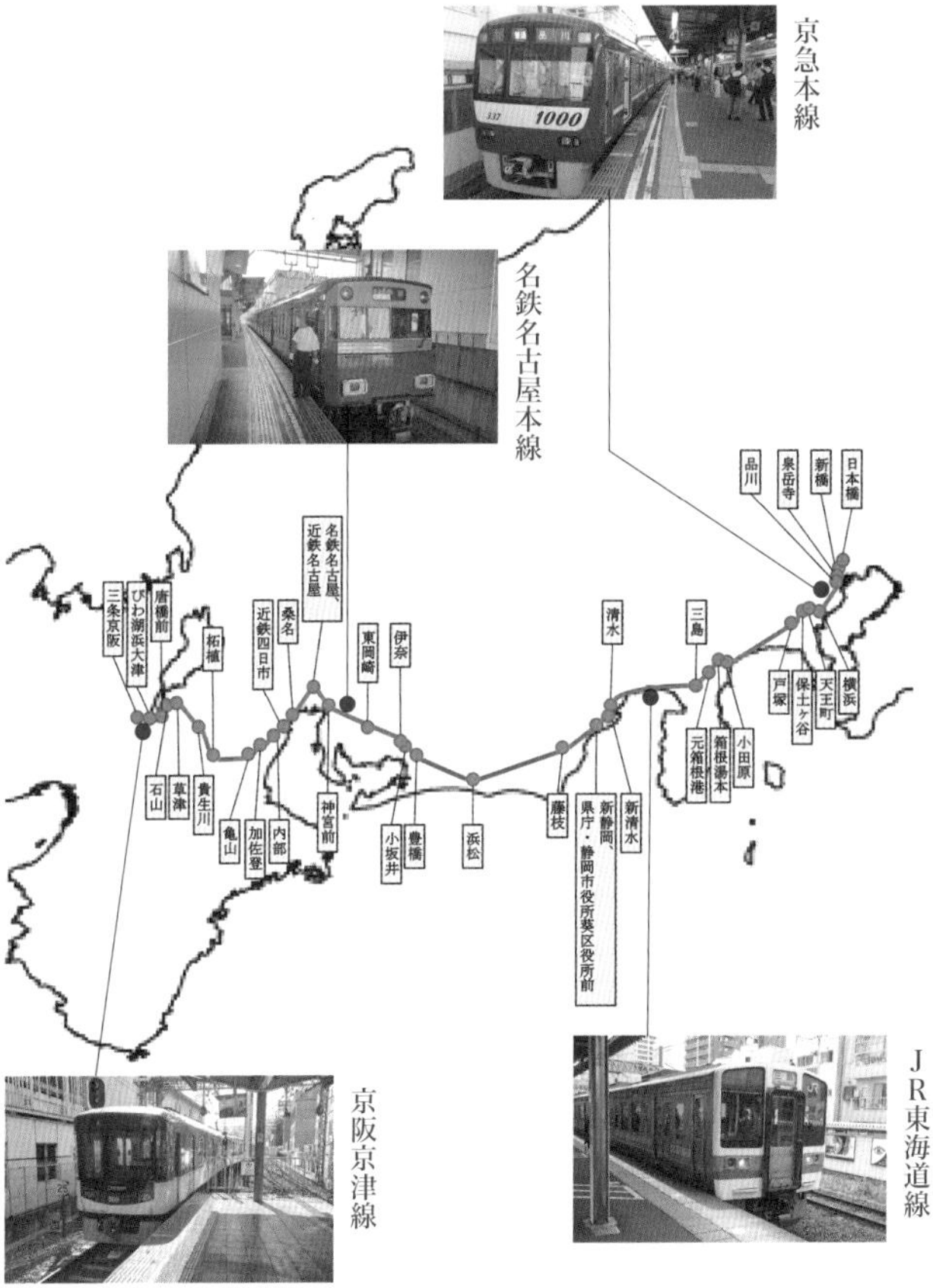

■参考図書

『ちゃんと歩ける東海道五十三次　東　江戸日本橋～見付宿＋姫街道』
『ちゃんと歩ける東海道五十三次　西　見付宿～京三条大橋＋佐屋街道』
著者：五街道ウォーク・八木牧夫
刊行：山と渓谷社、２０１９年3月15日

■浮世絵作品出典元

MaaYu/MEIBIS＋浮世絵著作権フリー作品「東海道五十三次」
http://www.21j.jp/fu53/

■白地図素材出典元

ウェブ白地図専門店　三角形　無料の白地図データ
https://www.freemap.jp/

2022年8月書き下ろし。
沿道の状況や鉄道・バス時刻等は、旅行日時点の情報を記載した。

山本　理（やまもと　おさむ）

1974（昭和49）年　東京都生まれ。

慶應義塾大学卒業、在籍中は鉄道研究会に所属。

平日は会社員、休日は歴史探検と鉄道の趣味活動に加え、草野球と家での夕飯作りに精を出す、ごく普通のお父さん。

東海道五十三次てくてく歩き

2023年12月31日　初版第1刷発行

著　　者　山本　理
発 行 者　中田典昭
発 行 所　東京図書出版
発行発売　株式会社 リフレ出版
〒112-0001　東京都文京区白山 5-4-1-2F
電話 (03)6772-7906　FAX 0120-41-8080
印　　刷　株式会社 ブレイン

ISBN978-4-86641-694-6 C0095
Printed in Japan 2023